Peter Legen, Thomas Zerlauth

Die Acht Edlen Übungen

Bewußte Körpererfahrung in Trance

Mit einem Vorwort von
Rüdiger Dahlke

Peter Legen
Thomas Zerlauth

Die Acht Edlen Übungen

Bewußte Körpererfahrung in Trance

Junfermann Verlag • Paderborn
1997

Fotos: Christian Holzknecht
Covergestaltung: Petra Friedrich

Satz: La Corde Noire – Peter Marwitz, Kiel
Druck: PDC – Paderborner Druck Centrum

Die Deutsche Bibliothek – CIP-Einheitsaufnahme
Legen, Peter:
Die Acht Edlen Übungen: Bewußte Körpererfahrung in Trance / Peter Legen, Thomas Zerlauth. – Paderborn: Junfermann, 1997.
ISBN 3-87387-327-3

NE: Zerlauth, Thomas:; GT

ISBN 3-87387-327-3

Inhalt

Unseren spirituellen
Lehrern und Meistern

Vorwort

Das neuerlich erwachende Interesse im Westen für den Zusammenhang zwischen Körper, Geist und Seele läßt auf einen bevorstehenden grundsätzlichen Wertewandel hoffen. Die klassische Antike hatte bereits vor Jahrtausenden das Ideal eines gesunden Geistes in einem gesunden Körper an die erste Stelle der Werteskala gerückt, wobei das Ideal wohl auch damals nur von wenigen erreicht wurde. So heißt es ausdrücklich „orendum est ut sit mens sana in corpore sano", zu deutsch: „es ist zu beten, daß ein gesunder Geist in einem gesunden Körper wohne". Ein Gymnasium war damals noch eine Art Turnhalle, die sowohl dem Körper als auch dem Geist als Ort des Trainings diente. Unsere heutigen Gymnasien sind dagegen zu Plätzen verkommen, wo der Geist mit Informationen abgefüllt, geradezu zur Verachtung des Körpers erzogen wird. Über 90% der Studienzeit verbringen moderne Schüler fast bewegungslos in verkrümmter Haltung hinter haltungsunfreundlichen Tischen. Das Ergebnis ist nicht einmal *Bild*ung, denn die hätte ja noch mit (inneren) Bildern zu tun. Auf vage gesellschaftliche Bedürfnisse abgerichtet, in der Nutzung ihrer Phantasie behindert und von Haltungsschäden geplagt, verlassen junge Menschen unsere Gymnasien, um dann an Universitäten ihre körperlichen Schäden weiter zu kultivieren und danach nicht selten in den Stand akademischer Arbeitslosigkeit überzutreten. Zum Heer der Arbeitslosen kontrastieren jene modernen Kopfgeldjäger (Headhunter), die alles daran setzen, die wenigen kompetenten Führungskräfte zu jagen und meistbietend zu vermitteln. Die wenigen heiß Gesuchten ver*körpern* bei genauerer Betrachtung ganz andere Ideale als an unseren Schulen und Universitäten zu haben sind. Daß in diesem System etwas nicht stimmen kann, fällt inzwischen sogar Politikern auf.

Wir haben eine – gemessen an der Antike – eigenartige Faszination für alles Materielle entwickelt, und wie zum Ausgleich dieser Überbetonung vernachlässigen wir unsere wichtigste Materie, den Körper, in erschreckender Weise. Ähnlich widersprüchlich setzen wir in einem nie gekannten Ausmaß auf einseitiges Intellekttraining, lassen jedoch geistige Werte immer mehr unter den Tisch fallen.

Zum Glück erleben wir inzwischen überall dort, wo Ergebnisse am Erfolg gemessen werden, *Umdenken*. Hatte man im Sport, der materialistischen Zeit entsprechend, alles auf Muskeltraining aufgebaut, erkennt man allmählich, daß das nur eine Seite des Erfolges ist und die dicksten Muskeln nicht unbedingt den größten Erfolg garantieren. (Innere) Einstellung und seelische Ausgeglichenheit sind als Quellen des Erfolges entdeckt. Diese Seite der Erfolgsmedaille aber zeigt sich uns nur scham- und schemenhaft in jenem geistig-seelischen Feld, das uns so fremd geworden ist und das sich vor allem von der männlich *domin*ierten Machergesellschaft nicht effizient in den Griff bekommen läßt. Zwar reden schon viele von Mentaltraining und der Umprogrammierung des Gehirncomputers, allein der gehorcht in letzter Konsequenz nicht den geläufigen Programmierregeln. In dieser Not wurde eine Neuorientierung (= Neu-Ostung) im wahrsten Sinne des Wortes *not*wendig. Wir machten uns auf die Suche und wandten uns fernen Kulturen und Zeiten und ihren Erfolgsrezepten zu.

Und so kehren wir – ohne es recht zu bemerken – klammheimlich zum Ideal der Antike zurück. Hätten wir uns auf die eigenen Wurzeln besonnen, hätte das immerhin das Eingeständnis eines zeitweiligen Irrweges vorausgesetzt. Auch moderne westliche Vertreter einer neuen Körperbewußtheit, die weit über materielle Aspekte hinausgeht, wie Moshe Feldenkrais oder Milton Trager, haben großen und trotzdem nicht den Erfolg, den östliche Exerzitiensysteme für sich verbuchen können. Eine wahre Welle lösten etwa „Die fünf Tibeter" aus und all die Tai Chi-Formen und Chi Gong-Übungen, die in den letzten beiden Jahrzehnten ihren Weg zu uns fanden. Unser Problem dabei ist häufig, daß wir unser Denksystem auf diese Übungen übertragen nach dem von Paul Watzlawick beklagten Motto „noch mehr vom selben". Dann wird Tai Chi trainiert und Chi Gong geübt wie einst die Turnübungen des Turnvater Jahn. Solche Exerzitiensysteme leben aber von ihrer Einfachheit und der Genialität ihrer direkten Verbindung von Körper, Geist und Seele auf Wegen, die dem Intellekt oft unverständlich oder gar verdächtig sind.

Hier sehe ich auch die Chance dieses kleinen aber feinen Buches, das mit seinen acht Brokaten einen für jeden leicht gangbaren, einfachen und überaus ehrlichen Weg aufzeigt, Körper, Geist und Seele zu harmonisieren, ohne dabei die Übungen ihrer Einfachheit zu berauben, ohne sie überzuinterpretieren oder mit gigantischen Heilsversprechungen zu verknüpfen. Desto mehr können sie demjenigen schenken, der sie mit Hingabe, aber ohne überzogene Erwartungen einfach erlebt und in sich zu Leben erweckt. „Tun, Handeln als Symbol" ist ein typischer Ausdruck des Ostens für diese innere Einstellung, die nichts will und noch auf die Früchte der „Anstrengung" verzichtet und gerade deshalb oft so viel bewirken und so reichen Lohn bescheren kann.

Rüdiger Dahlke
Johanniskirchen, August 1996

1

Allgemeine Einführung

1.1 Einleitung und geschichtliche Entwicklung

Es war einmal ... aus schriftlichen Aufzeichnungen geht hervor, daß die *Acht Edlen Übungen* eine mindestens 800jährige Geschichte haben und seit jeher als Gesundheitsgymnastik insbesondere in China Verwendung finden.

Diese Folge heilgymnastischer Bewegungen fördert nicht nur das körperliche Wohlbefinden, sondern dient genauso der seelischen und geistigen Gesunderhaltung. Die ursprüngliche Bezeichnung war „Ba Duan Jin", übersetzt als „Acht Stücke Brokat", da diese Übungen als so kostbar und wertvoll erachtet wurden wie das Brokatgewand des Kaisers.

Die Bewegungsformen sind mit großer Wahrscheinlichkeit taoistischen Ursprungs. Geistiger Vater dürfte der buddhistische Mönch Bodhidharma gewesen sein, der bereits im sechsten Jahrhundert eine Darstellung über die Entwicklung der Muskulatur („Yi Jin Ying") verfaßte. Den ersten eindeutigen Hinweis auf diese Übungen liefert uns jedoch Marschall Yüe Fei (1103-1142), der seine Soldaten ermunterte, ihr körperliches und seelisches Wohl durch die zwölf Brokatstücke zu sichern.

Aus diesen, zum Übungssystem des Qi Gong zählenden Zwölf Brokatstücken entwickelten sich über die Jahrhunderte zwei Versionen der Acht Brokatübungen. Die eine wird im Sitzen ausgeführt und betont die sanfte Anmut der Bewegungen – die andere hingegen unterstreicht das kämpferische Element und wird im Stehen durchgeführt.

Auch in den chinesischen Heilkünsten finden diese acht Übungen ihre Entsprechungen. Nach Soo Chee umfassen die „Acht Brokatfäden" auch acht eigenständige Bereiche der Heilkünste:

1.	Chen Tuan	–	Diagnose
2.	Ch'ang Ming	–	natürliche Gesundheitstherapie
3.	Ts'ao Yao	–	Kräutertherapie
4.	Wen Chiech'u	–	lokale Wärmetherapie
5.	Hsia Chen Pien	–	Akupunktur
6.	Tien An	–	Akupressur
7.	Anmo (T'ui-Na)	–	Massage
8.	Ch'ili Nung	–	der Weg der Okklusion

Die Taoisten verfolgten mit diesen Übungen bzw. den klassischen Heilkünsten zumindest zwei Ziele: einerseits ging es um den Wunsch, das irdische Leben auf angenehme Weise zu verlängern, und zum anderen versuchten sie, eine intensivere spirituelle Ausrichtung und Verbundenheit mit der universellen „Ganzheit" zu erlangen. Deshalb entwickelten sie ein Gesundheitssystem, das unabhängig von Alter oder Beweglichkeit praktisch von allen Menschen durchgeführt werden konnte.

1.2 Die Trans-Formation der altchinesischen Auffassung

Es war einmal ... dies könnte stellvertretend auch die Infragestellung bzw. die „Relativierung der chinesischen Philosophie" für den „Westler" einläuten. Sowohl die Grundideen der chinesischen Vorstellungen bezüglich Medizin und Philosophie, als auch das östliche Lehrkonzept sind für den im Westen verankerten Menschen nur schwer nachvollziehbar, wirken meist fremd und unverständlich.

So ist es nur wenigen Europäern möglich und zumutbar, eine Übung sinn-voll nachzumachen, ohne zu wissen bzw. zu verstehen, weshalb sie dies tun sollen. Das soll nicht heißen, daß westliches Lernen besser oder effektiver wäre – die richtige Methode gibt es gar nicht – vielmehr geht es darum, daß wir durch Fragen-Stellen und Erklärungen-Erhalten leichter Fortschritte machen als durch jahrelanges „nichthinterfragendes" Nachahmen.

Wenn aber ein verkehrter Mann die rechten Mittel gebraucht, so wirkt das rechte Mittel verkehrt.

Wir sind einfach keine Asiaten, haben die Weisheit genausowenig wie die Chinesen mit Löffeln gegessen, wurden auch nicht mit dem holistisch-ganzheitlichen Weltbild von Qi bzw. Yin und Yang erzogen und müssen daher von dem ausgehen, was bei zunehmender Beschäftigung mit uns selbst zum Vorschein kommt. Diese Romantisierung der östlichen Philosophie bleibt bei der ersten Hürde auf der Strecke, von taoistischer Gelassenheit und stoischer Ruhe wird sich dann nicht mehr viel finden lassen.

Unsere Erfahrung mit interessierten Menschen hat gezeigt, daß ein methodisches und verständliches Vorgehen viel mehr Freunde und Anhänger findet als ein stures, autoritäres und nicht-zielgerichtetes Vormachen-Nachahmen. So braucht auch nicht ein jeder Meister zu sein, um mit anderen üben zu können. Im Gegenteil: gemeinsame Übungsgruppen sollten ins Programm aufgenommen und forciert werden. Ebenso werden anstehende Fragen gemeinsam geklärt und in Gesprächsrunden erörtert. Das immerwährende „Aufgehen" im Hier und Jetzt mag ein Konzept des Ostens sein, wir bevorzugen es jedoch, die Übungssequenzen methodisch zu reflektieren und einen Ausblick auf die folgenden Trainingseinheiten zu geben.

Wir können nicht einfach übernehmen, was unter so unterschiedlichen kontextuellen Bedingungen entstanden ist. Würdest du den Versuch unternehmen, einen südamerikanischen Indianerstamm mit dem Ödipus-Komplex zu konfrontieren oder einen achtfach reinkarnierten tibetanischen Lama mit dem „Rebirthing" zu begeistern? Vermutlich ebensowenig könnte eine Gruppe indischer Yogis zu einem computergesteuerten „Biofeedback-Seminar" oder ein Naturvolk des Amazonas zu einem „Überlebenstraining" im Sumpfgebiet der Donau überredet werden.

Wir sind keine burmesischen Mönche und werden vermutlich auch nach jahrelangem Training keine meditative „Ich-Auflösung" per Knopfdruck erreichen. Wir sind Europäer und leben mit einem westlichen Gedankengut. Nicht besser oder schlechter – einfach anders.

1.3 Die universale Energie

Lebensenergie (Qi) fließt nicht nur in Asien, sondern existiert immer und überall. Es ist die Kraft der Natur, quasi alles, was sich manifestiert und für die Vereinigung der Gegensätze (das Eins-Sein) verantwortlich ist. Bei vielen asiatischen, zunehmend aber auch bei westlichen Heil- und Lebenskonzepten, dreht sich der Fokus der Aufmerksamkeit um das Erfahren der Ganzheit. Diese Ganzheit findet sich in einem gesunden, lebensfrohen und lebendigen Körper, drückt sich letztlich in einer be-geist-erten Bewegung aus, die nichts ausschließt oder vorenthält. Die Suche nach Ganzheit ist im Prinzip das Streben nach Bewußtheit und Integration, die Verbindung mit einer universalen Kraft, die alles und jeden durchdringt. Diese Energie wird oft als Lebensenergie bezeichnet und findet sich bei vielen Kulturen der Früh- und Neuzeit. So nannten die Ägypter diese Energie *Ka*, die Chinesen *Ch'i* und die Inder *Prana*. Die Tibeter glauben an eine, das ganze Universum durchströmende Lebensenergie, die als *Lung* bezeichnet wurde, und in Hawaii wurde zu diesem lebensenergetischen Prinzip *Huna* gesagt.

Jedoch auch der Westen kannte und kennt diese Konzepte der Lebensenergie. Die gesamte griechische Philosophie erscheint als Abhandlung über dieses Energiesystem. Viele Gelehrte des Abendlandes beschäftigten sich mit der Erklärung der Naturphänomene und dem Geheimnis der Gesundheit.

Hippokrates nannte diese besondere, dem Leben innewohnende Kraft *Enormon*, und Paracelsus sprach von *Munia*, einer Kraft, die sich im Körper befindet und Krankheiten erzeugen oder heilen kann. Der Wegbereiter der modernen Hypnosetherapie, Franz Anton Mesmer, glaubte an den *animalischen Magnetismus* und Samuel Hahnemann (der Begründer der Homöopathie) im wahrsten Sinne des Wortes an die *Lebenskraft*.

Lebensenergie ist das Medium, das alles aktiviert, das für die Lebendigkeit aller Dinge und Prozesse im Universum verantwortlich ist. – *Stephano Sabetti*

Wenn diese Lebensenergie fließen, strömen, sich ganz einfach bewegen kann, erhöhen wir unsere Chancen, eine Entwicklung in Richtung Ganzheit zu erfahren. Und genau in diesem sehr wesentlichen Punkt unterscheidet sich unsere Vorstellung von der klassisch chinesischen Idee. Die Taoisten (chinesische Priester) ziehen sich in die Stille zurück, besinnen sich, kehren in sich selbst ein und sammeln Energie. Wir hingegen propagieren die Ausdehnung und das Ausdrücken der Lebensenergie nach außen. Auch Meister Kinomichi lädt dazu ein, alle Sinne nach außen zu richten, sich in alle Richtungen auszudehnen, >bis ins Unendliche<, und sich so mit der Bewegung des Universums, das sich auch nach den letzten Erkenntnissen der Physiker und Astronomen in einer Phase permanenter Ausdehnung befindet, in Einklang zu bringen. Es geht nicht um das Sammeln, sondern das Ausdrücken der Energie.

Wenn die Energie nach außen geht, wird sie zwangsläufig wieder nach innen kommen und umgekehrt. Eigentlich dasselbe Prinzip, nur mit dem Vorteil, daß diese Richtung dem westlichen Menschen viel eher entspricht. Für Meister Noro ist Extension die einzige Möglichkeit, Blockaden in Form verspannter Muskelpanzer oder auftretender Krämpfe zu lösen. Für den westlichen Menschen scheint jedoch die grundsätzliche „Nach-außen-Richtung" sinnvoller und verständlicher zu sein. Selbst einer der wichtigsten Qi-Vertreter, der Aikido-Meister Koichi Tohei meint, daß unser Körper ein gewisses Maß an Qi umfassen mag und sagen kann, der Körper gehöre uns, nicht aber Qi selbst, denn dieses gehöre dem Universum. Deshalb ist es die beste Idee, den Austausch von Qi mit dem Universum zu fördern, es quasi wegzugeben und nach außen zu bringen.

Sei dir deiner Energie bewußt und laß sie frei fließen.

1.4 Prinzipien der Lebensenergie

- „Wie jede Energie kann sie weder erschaffen noch zerstört werden, kann jedoch von einer Energieform in die andere umgewandelt werden;
- sie ist eng verknüpft mit Vitalität an sich, Widerstandsfähigkeit gegenüber Krankheiten, Selbstbehauptung und Sexualität, Aufmerksamkeit und Bewußtsein; ...
- die Lebensenergie selbst manifestiert sich phänomenologisch in mindestens zwei polaren Qualitäten:
  - in kraftvoller, dynamischer, aktiver Qualität, als Energie, Ladung, Vitalität etc. erfahrbar (Yang-Aspekt);
  - in sensibler, rezeptiver, passiver Qualität, als Empfindsamkeit, Sensibilität, Bewußtsein/Gewahrsein etc. erfahrbar (Yin-Aspekt)" (Wagner 1995, 8);
- sie kann erschöpft und ausgeschöpft, natürlich andererseits auch gesteigert oder angezogen werden;
- diese Energie läßt sich fokussieren (bündeln) bzw. distribuieren (verteilen);
- wenn der Energiefluß behindert oder unterbrochen wird, verhindert dies den automatischen Wachstumsprozeß in Richtung der Ganzheit;
- wenn die Energie frei fließen und sich ausdrücken kann, ermöglicht dies natürliche und geschmeidige Bewegungen.

In der TCM (Traditionellen Chinesischen Medizin) ist Qi ein allgemeines Phänomen, das sich in vielen unterschiedlichen Aspekten und Funktionen darstellt:

- Qi ist die Quelle aller Bewegung im Körper.
- Qi bietet dem Körper Schutz.
- Qi transformiert den Körper.
- Qi reguliert vegetative Prozesse des Körpers.
- Qi begleitet jedes Tun und jede Bewegung.

1.5 Die Bedeutung der Bewegung

- In Bewegung wird das Wesen der eigenen Existenz offenkundig.
- Ein bewegtes Leben gibt unserem Dasein eine erkennbare Form.
- Form ist verlangsamte Bewegung.
- Ein Mensch in Bewegung wird das Leben als Herausforderung erkennen und mit ihm in Einklang sein, aber sich nichts und niemandem unterwerfen.
- In der Bewegung drückt sich der Mensch in all seinen körperlichen und geistig-seelischen Beziehungen aus.
- Bewegung ist eine Möglichkeit, das Sich-in-der-Welt-Befinden darzustellen.
- In der Bewegung erfahren wir uns selbst und unser Selbst.
- Lebendige Leiberfahrung und Bewegungs-Kultur schaffen einen neuen Zugang zu einer stabilen Einstellung gegenüber den Anforderungen des Alltags. Sie zeigen uns eindeutig und unmißverständlich, was bei bzw. in uns ver-rückt ist.
- Menschen, die sich leicht bewegen (lassen), können mit ihren Gefühlen leichter und spielerischer umgehen, lernen, mehr Anteil an den Mitmenschen und am Leben zu nehmen.
- Bewegungs-Übungen verändern nicht nur unser Bewußtsein, sondern erweitern es im gleichen Maße. Menschen, die sich gerne und richtig bewegen, sind kräftiger, lebendiger, gesünder, sind ganz einfach anders und wirken jünger.
- Die Frage ist also: wie muß sich der losgerissene und tief gespaltene Mensch unserer Zeit verhalten, um die Kraft- und Lebensquellen der Natur wieder in seine Bewegung und damit in all sein Tun einströmen zu lassen?
  – *Dore Jacobs*
- Bewegung, die um die Prinzipien des Lebendigen weiß, ist angesichts der Entfremdung des Menschen von seiner inneren und äußeren Natur ein unentbehrliches Medium, um das eigene Lebensgefühl und die Haltung zur Welt wiederzufinden. Wenn wir uns bewegen, können wir unsere Lebensgeschichte spüren, wie sie im Austausch mit der Welt geprägt wurde.
  – *Klaus Moegling*
- Bleib in Bewegung. Tu etwas. Entwickle deine Fähigkeiten. Lerne. Als Folge davon wirst du Freude am Leben finden. – *Milton H. Erickson*

❖ Merkst du, daß das kleinste Detail der Bewegung größte Wichtigkeit bekommt, wenn du bedenkst, wie Bewegung in den Menschen gekommen ist. – *Moshe Feldenkrais*

1.6 Die Bedeutung der Bewußtheit und Achtsamkeit

- Bewußtheit ist eine Art kinästhetisches Wissen.
- Die Menschwerdung beginnt mit Achtsamkeit und Bewußt-Sein.
- Achtsamkeit bezeichnet das Wahrnehmen unseres Lebendigseins.
- Bewußtsein lebt in einem wachen Körper.
- Bevor wir beginnen können, achtsam unseren Körper zu spüren, müssen wir erst einmal in ihm zu Hause sein.
- Sobald du beginnst, bewußt deine Bewegungen zu beobachten, entwickelt sich dein Bewegungssinn, steigert sich dein Selbsterkennungs- und Wahrnehmungsvermögen.
- Bewußtsein erfordert einen Geist, der an Wunder zu glauben vermag.
- Erweitere deinen Geist, indem du deinen Körper achtsam integrierst.
- Körperliche Bewegung und das bewußte Erfahren der Bedeutung dieser Bewegung ergänzen sich in idealer Weise bei den *Acht Edlen Übungen*. Körper und Geist vollziehen sozusagen einen Tanz, dessen Eleganz mit der zunehmenden Bewußtheit der Bewegung zunimmt.

1.7 Die Bedeutung von Trancezuständen

- Trance ist weder ein magisches, noch übernatürliches Phänomen, sondern ein Lebensprinzip, ein Zustand, den jeder Mensch kennt.
- Zwischen Trance und Nicht-Trance kann kein eindeutiger Trennungsstrich gezogen werden, da alle Arten von Zwischenzuständen hereinspielen.
- Trance ist kein besonderer Bewußtseinszustand, sondern wird häufig erlebt und gehört zum normalen sowie natürlichen Spektrum der menschlichen Erlebensfähigkeit.
- Trance ist Bestandteil des täglichen Lebens und wird irrtümlicherweise noch immer mit Schlaf in Verbindung gebracht.
- Je nach Grad der zentralnervösen Erregung kommt es bei Trance zu unterschiedlichen Veränderungen in der Informationsverarbeitung.
- Trance ist ein geeignetes Medium (Zustand) zur Steigerung des Bewußtseins.
- Wir benötigen den Zugang zu diesem Zustand für unser körperliches und emotionales Gleichgewicht.
- Trance ist eine universelle Erscheinungsform, die sich in allen Zivilisationen nachweisen läßt.
- Beim Trance-Erleben verändert sich die Wahrnehmung von Zeit und Raum, außerdem wandeln sich subjektive Standpunkte und Eindrücke.
- Trance ist eine Erfahrung, die immer dann auftritt, sobald jemand in eine äußere oder innere Realität „eintaucht".
- Trance kann durch Fokussierung auf einen bestimmten Ausschnitt unseres Wahrnehmungsbereiches intensiviert werden.
- Trance ist der Schlüssel zu einer „anderen Wirklichkeit".
- Mittels bewußtem Trance-Erleben lernen wir:
  - gelernte Begrenzungen zu überschreiten;
  - brachliegende Potentiale und nicht ent-wickelte Fähigkeiten zu fördern;
  - offener und aufgeschlossener zu sein;
  - „abgespaltene" Persönlichkeitsanteile zu reintegrieren;
  - mit sich selbst vertraut zu werden.

1.8 Die taoistische Tradition Chinas

Ziel sämtlicher philosophischen Lehren im Osten ist die Harmonisierung zwischen Mensch und Natur. Der Taoismus hat die genaueste Beobachtung kosmischer Vorgänge im Mittelpunkt der Aufmerksamkeit. Diese Form der Harmonie ist höchstes Ziel zur Gesunderhaltung von Körper und Geist. Es geht letztlich um den gesamten Menschen, seine Funktionen und seine Beziehungen zu seiner Umwelt. Daher wird der Mensch schon seit jeher als Mittler zwischen Himmel und Erde angesehen, wobei er durch die Atmung mit dem Himmel und durch die Nahrung mit der Erde verbunden ist.

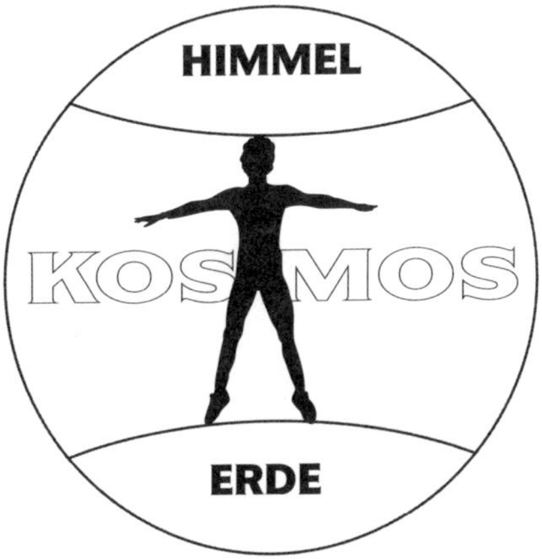

Der Mensch als Mittler zwischen Himmel und Erde

Jeder lebende Organismus ist in ein größeres System (Kosmos) eingebunden, versucht in Einklang mit den klimatischen Bedingungen bzw. der Rhythmik von Tages- und Jahreszeiten zu leben. Betrachtet werden dazu Abläufe im Mikro- und im Makrokosmos, wobei der Mikrokosmos Mensch als Abbild des Makrokosmos Natur betrachtet wird.

Beide folgen letztlich denselben Gesetzmäßigkeiten und energetischen Prinzipien. Auch die Heilkunst hat diese alten klassischen Ideen der Chinesen übernommen und erkannt, daß körperliche Abläufe unmittelbar mit den natürlichen Elementen und Kräften verbunden sind und der Mensch nicht aus der Natur herausgelöst werden kann.

Der Mensch handelt also immer dann „richtig", wenn er sein Tun mit den Prinzipien der Natur in Einklang bringt. Als Teil des Kosmos steht er in einer direkten Wechselwirkung mit demselben und steht nicht nur zwischen Himmel und Erde, sondern stellt sie zugleich als Ebenbild selbst dar. Der Mensch geht aus den polarisierenden Kräften Yin und Yang hervor, symbolisch repräsentiert der Himmel den Archetypus Yang und die Erde den von Yin. Das Leben wird als rhythmische Bewegung von Gegensätzen angesehen, sozusagen als eine immerwährende Ebbe und Flut vibrierender Wellenmuster. Die Kraft und Energie der Erde wird durch die Verwurzelung aufgenommen, und die Energie des Himmels fließt am Scheitelpunkt in den Menschen hinein. Der Mensch „in der Mitte" steht zwischen diesen Polen und braucht die „geschenkte" Energie lediglich aufzunehmen, verbindet sie gleichsam und ermöglicht dadurch den natürlichen Strom der Lebensenergie. Das vorhandene Reservoir an Energie kann komplett aufgebraucht werden, denn durch spezielle Übungen gelingt es leicht, Energie im Körper zu speichern, den Mikrokosmos zu energetisieren.

Yin und Yang sind zwar gegensätzliche Pole, aber komplementär; d.h. nur gemeinsam können sie das gesamte Spektrum der Erscheinungen darstellen. Wenn beide Ströme im Gleichgewicht sind, ist der Körper gesund. Störungen dieses energetischen Ausgleichs führen zu Krankheit, und Trennung steht gleichbedeutend mit dem Tod.

Selbst auf sozialen Ebenen geht es letztlich darum, daß sich unsere Werte gegenseitig durchdringen.

Gleichgewicht meint in diesem Sinne den ununterbrochenen rhythmischen Prozeß, in dem hell und dunkel, anspannen und lösen, kalt und warm einander abwechseln und der Mensch ein Bewußtsein gegenüber diesem zyklischen Modus entwickelt. Viele Übungen (unter anderem auch die *Acht Edlen Übungen*) aus der taoistischen Philosophie wollen uns diesem Naturgesetz gegenüber wieder sensibilisieren.

Yin und Yang schwingen ineinander über und jeder Teil beinhaltet einen Aspekt der jeweils anderen Polarität. Ursprünglich wurde Yin durch die blaue Farbe (Wasserelement) und Yang durch die rote Farbe (Feuerelement) symbolisiert.

Und obwohl ihre Farben (und Bedeutungen) so unterschiedlich sind, gehören sie doch zueinander, bilden letztlich eine Einheit, die zum Kreis zusammengefaßt ist. Polarität, wie sie Yin und Yang vermittelt, ist aber nicht zu verwechseln mit Gegensätzlichkeit (im westlichen Sinne), sondern meint die unterschiedlichen Aspekte des Einen. In diesem Sinne ist es interessant, daß das rot-blaue Yin-Yang-Symbol seit jeher als mehr oder weniger geheime Meditationsvorlage genutzt wurde. Denn vor allem in den ursprünglichen Farben, die durch eine spezielle Augentechnik „übereinandergeschielt" werden, verbirgt sich das „Tor zum Paradies", letztlich das Symbol des dritten Auges.

Grundsätzlich wird in der chinesischen Philosophie jedes Phänomen, je nach Polarität, die zum Ausdruck gebracht werden soll, in Verbindung mit Yin und Yang dargestellt. So entspricht Yin der Ruhe, Yang wiederum der Bewegung. Der

Tag ist Yang, die Nacht Yin. In der nachfolgenden Tabelle sind die wichtigsten Yin- und Yang-Phänomene bzw. ihre Entsprechungen aufgelistet.

➤ **Makrokosmos**

Yin-Phänomene	*Yang-Phänomene*
Erde	Himmel
Mond	Sonne
Kälte	Wärme
Winter (Herbst)	Sommer (Frühling)
Innen	Außen
Dunkelheit	Licht
Unten	Oben
Ruhe	Bewegung
Nacht	Tag
Schwäche	Stärke
Klein	Groß
Wasser	Feuer
Schattenseite des Hügels	Sonnenseite des Hügels (ursprüngliche Bedeutung)
das Aufnehmende	das Treibende, das Durchdringende
das Dunkle	das Helle

➤ **Mikrokosmos**

Weiblichkeit	Männlichkeit
Vorderseite (Bauch)	Hinterseite (Rücken)
Unterleib	Oberkörper
Energieleere	Energiefülle
Weich	Hart
Herz	Dünndarm
Lunge	Dickdarm
Niere	Blase

Die gesamte medizinische Anwendung basiert auf diesem Polaritäts-Prinzip. So wird beispielsweise der aufrecht stehende menschliche Körper ebenfalls anhand dieser Yin-Yang-Landkarte beschrieben. Der Kopf, sowie der gesamte Oberkörper, Hände und obere Rumpfpartie sind dem Himmel, also Yang zugeordnet.

Der Unterleib, die Beine und Füße, die mehr mit der Erde verbunden sind, entsprechen Yin.

Der Rumpf wird zudem in mehrere Ebenen unterteilt:

- der obere Teil (oberhalb des Zwerchfells) ist Yang (Himmel).
- der mittlere Teil (zwischen Zwerchfell und Nabel) ist sowohl Yin als auch Yang (es ist der Mensch).
- der unterste Teil (unterhalb des Bauchnabels) ist der Erde, demnach Yin zugeordnet.

Die Polarisierung des Körpers

Das gesamte Denken, Handeln und Leben der frühen chinesischen Kultur war nicht der Natur entgegen und quasi gegenübertretend, sondern teilnehmend. Sich seiner Stellung zwischen Himmel und Erde bewußt, brachte der Mensch die ihn umgebenden und treibenden Kräfte symbolisch zur Darstellung. Er tat dies in Malerei, Musik, Dichtung und Bewegungs- sowie Kampfkunst. Das Yin und Yang ist vermutlich das älteste bekannte Symbol für Integrität, zeigt aber auch die grundsätzliche Zweideutigkeit, um auf die Einheit der möglichen Bedeutungen hinzuweisen und neue Perspektiven zu stimulieren. Ein den Prinzipien des Yin und Yang entsprechendes Übungsmodell berücksichtigt den Wechsel der Polaritäten, insbesondere von Anspannung (Yang) und Entspannung (Yin). Diese Qualitäten fließen ineinander über und bedingen sich gegenseitig. Bewußte Bewegungsformen in Anbetracht von Yin und Yang versinnbildlichen damit die energetische Verbundenheit und Einheit von Mikro- bzw. Makrokosmos.

Hier wurzeln die Übungen des Qi, die Übungen des Einklangs zwischen Mensch und Natur. Daher wird diese Verbindung auch immer wieder durch die Vorstellung vom Menschen als einem Energiekanal verdeutlicht. Die Arme sind zum Himmel erhoben, die Füße verwurzeln sich in der Erde. Die Energie fließt dann in diesem „Röhrensystem" vom Himmel zur Erde und von der Erde zum Himmel. Schnittpunkt der zirkulierenden Energien ist der zentrale Punkt des Körpers, der gewöhnlich „Hara" genannt wird.

Roumanoff vergleicht den Menschen im Zusammenhang mit der Atmung gern mit einer Art Verbindungsrohr, einem Kanal, der das unendlich Kleine mit dem unendlich Großen verbindet. Daher sollten wir ein Kanal für die Energie sein und die Kräfte des Himmels durch unseren Körper hindurch in Richtung Erde und die Kräfte der Erde in Richtung Himmel fließen lassen.

1.9 Die westliche Perspektive

Der Mensch wird immer wieder als Bindeglied zwischen Himmel und Erde gesehen. Er ist damit ein Element der Trilogie Himmel-Mensch-Erde. Gemeinsam sind sie eins.

Auch in der Heilkunde des Paracelsus kommt diese Verbindung Mikrokosmos – Makrokosmos zum Ausdruck, wenn er schreibt: Man muß verstehen, daß der Mensch die kleine Welt ist ... daß alle himmlische Läuf, irdische Natur, wässrige Eigenschaft und luftiges Wesen in ihm sind. In ihm ist die Natur aller Früchte der Erde, und aller Erz, Natur der Wasser ...

Eine Analogie, die dem Menschen des Westens viel verständlicher ist als das System des Yin und Yang, ist die Verknüpfung des Menschen mit dem Symbol des Baumes. Der Baum ist in beinahe allen Kulturen ein kosmisches Symbol. Als Weltenbaum Yggdrasil beispielsweise ragt er durch das ganze All und verbindet die Erde mit dem Himmel und der Unterwelt. In der Mitte dieser Weltenesche findet der Mensch seine Heimat. In uralten wie in modernen Märchen verbinden sich Mensch und Baum, stehen füreinander und verwandeln sich ineinander. Ganz offensichtlich liegen dieser Verknüpfung wichtige und wahrnehmbare Strukturen zugrunde.

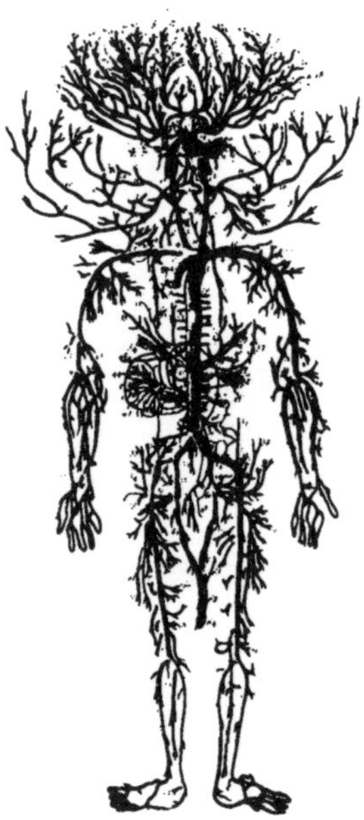

Blutkreislauf von James Roberts, „Medizinisches Wörterbuch" von 1745

Mensch und Baum verbinden auch das Leben im Spannungsfeld zwischen vertikaler und horizontaler Achse. Auch die Verästelungen und der Aufbau des Blutgefäßsystems erinnern an diesen Zusammenhang.

Der Baum ist ein vielverwendetes und bedeutungsreiches Symbol der menschlichen Geschichte und steht oftmals als Sinnbild für die Verbindung zwischen Himmel und Erde. Die Wurzeln ragen tief in das Erdreich, geben dem kräftigen Stamm Halt und Sicherheit, sowie der mächtigen Krone die Chance, die Welt zu beschirmen. Auch wenn es um die verbindende Achse (die Vorstellung einer Weltachse ist bei vielen Naturvölkern vorzufinden) zwischen Himmel und Erde geht, taucht immer wieder der Baum als Verbindungsglied auf. Der Baum verknüpft alle dem Menschen bekannten Ebenen des Kosmos und setzt sie symbolisch miteinander in Beziehung.

Für viele Menschen ist es eine überraschend-angenehme Erfahrung, erstmals bewußt Kontakt mit einem Baum aufnehmen, die eigenen Kräfte mit denen des Baumes zu verbinden und in Einklang zu bringen.

Baumübung

1. Stelle dich in die unmittelbare Nähe eines Baumes, der dich „anspricht". Das Gewicht des Körpers verteilt sich nun gleichmäßig auf beide Füße. Dabei verwurzeln sie sich wie die Wurzeln eines Baumes sicher in die Erde.

2. Komm nun zur Ruhe und nimm den Baum in seiner Größe und Erscheinung wahr. Tritt in Kontakt mit diesem Organismus und stell dir vor, wie ein Energiestrom aus der ausladenden Krone des Baumes zum Scheitelpunkt deines Kopfes fließt.

3. Achte darauf, wie diese Energie durch deine Fußsohlen in die Erde zurückfließt und sich der Kreislauf schließt, indem die Wurzeln mit dieser Energie versorgt werden.

Baumabbildung (Park 1994, 321)

4. Kombiniere diese Übung nun auch mit deinem Atem. Die Verbindung zwischen dir und dem Baum wird noch intensiver, wenn du beim Einströmen der Energie von oben tief Atem holst. Wenn der Energiefluß durch die Beine in die Erde fließt, solltest du anschließend ausatmen.

Viele Qi Gong-Übende führen ihre Übungen gerne unter großen Bäumen aus. Dabei verwenden sie die Vorstellungshilfe „Stehen wie eine Kiefer". Dadurch öffnen sie sich den Naturkräften und Elementen. Somit schließen sie den Kreislauf der Natur. Die Umgebung nährt und sichert sie, gibt ihnen Kraft und Energie.

Zur Erhaltung der Gesundheit und des Wohlbefindens geht es nun darum, das Wurzel-Stamm-Äste-System weiter zu entwickeln und zu vervollkommnen. Die

Natur und der Mensch existieren im Austausch von Energie durch Bewegung und Lebendigkeit. In der Bewegung liegt viel schöpferisches und innovatives Potential, letztlich auch die Chance der Entwicklung zur immer umfassenderen Einheit und Ganzheit.

Bäume haben Individualität und sind daher oft ein Synonym für Persönlichkeit. – *C.G. Jung*

Das Verwurzeln ist die Grundbedingung für Standfestigkeit, unser Eingebettet-Sein in der Welt und unsere Aufrichtigkeit. Das geistig-seelische Wurzelwerk verankert sich im Boden, damit der Stamm wachsen kann und die Äste gedeihen. Der Baum ist Stellvertreter und Vorbild in so vielen „menschlichen Belangen" und wurde daher schon immer als Symbol für menschliches Wachstum, Ausgeglichenheit und Gleichgewicht, als auch für einen sinnvollen Einsatz der Ressourcen verwendet.

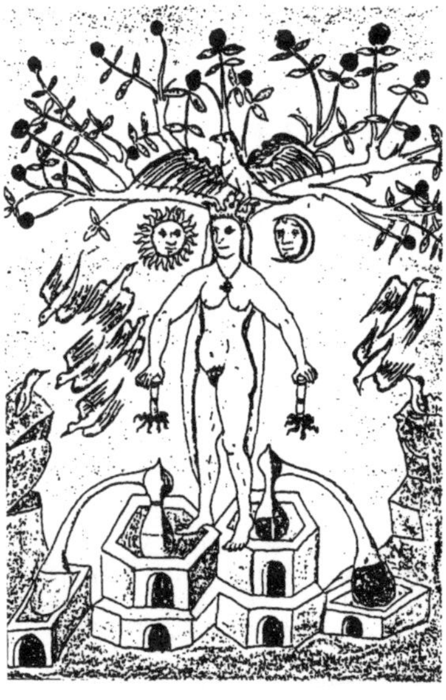

Der alchemistische Baum

Selbst im therapeutischen und diagnostischen Bereich findet der Baum seinen Einsatz. So kamen unterschiedlichste Therapeuten auf den Gedanken, durch einen „Baumtest" (das Zeichnen eines Baumes) >Seinsgeschichten der Gesamtpersönlichkeit< eines Menschen aufzudecken.

Diese Bilder haben oft individuelle Ent-faltung und Ent-wicklung zum Thema. Dies betrifft neben körperlich-physischen auch seelisch-geistige Entwicklungspotentiale, da die Symbolik des Baumes sowohl weibliche (mütterliche) als auch männliche (vor allem phallische) Aspekte in sich vereint.

Auch Wandlungs- und spirituelle Aspekte können in diesen Bildern enthalten sein. Da der archetypische Symbolgehalt der Bäume fundamentale Wirklichkeit scheint, die Darstellungen von Bäumen deutlich feststellbare Auswirkungen auf die Gefühls- und Seelenwelt des Menschen haben, wird von der These ausgegangen, daß angefertigte Baumbilder („Baumtests") umgekehrt auch etwas über die psychischen Prozesse des Zeichners ausdrücken müssen.

Auch der bekannte Tiefenpsychologe C.G. Jung nutzt den Baum als symbolische Entsprechung zwischen den alchemistischen Prozessen auf der einen und dem Individuationsprozeß des einzelnen Menschen auf der anderen Seite.

Die Übungsprinzipien der Acht Edlen Übungen

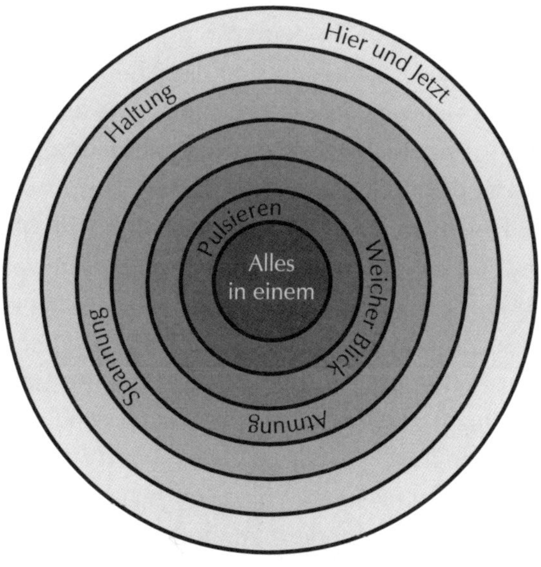

2.1 *Hier und Jetzt* oder: Achtsamkeit im Augen-Blick

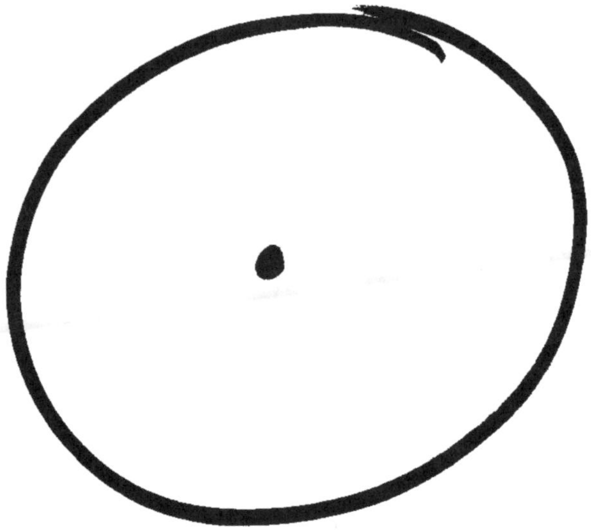

Eine wichtige Intention der *Acht Edlen Übungen* ist die spielerische und intuitive Erfahrung des Eingebunden-Seins in den Kosmos, die Einheit von Mensch und seinem kosmischen Ursprung. Dennoch sind die Übungen nicht primär auf ein spezielles Ziel, sondern vielmehr auf die Verschmelzung von körperlicher Aktion und geistigem Prozeß gerichtet. Man könnte dieses methodische Vorgehen mit einer Art des Nicht-Handelns (chin. „Wu Wei") bezeichnen.

Das zwanghafte Festhalten an einer bestimmten Absicht führt genau zu dessen Gegenteil. Erst im kontinuierlichen Üben und Auflösen der ständigen Zielorientierung entsteht ein natürlicher Fluß der Vereinigung von Gegensätzen. Es wird nichts erzwungen, sondern lediglich zugelassen und beobachtet. Grundlage dieser Form der Achtsamkeit ist die Fokussierung des Gegenwärtigen. Vergangenes und Zukünftiges entschwinden am Gedankenhimmel und geben die Sicht auf das Momentane frei.

Wenn sich unsere Erwartungen und Vorstellungen im Hintergrund halten bzw. vollkommen auflösen, wird eine andere Erfahrung der Wirklichkeit, verbunden mit einer ungewohnten Geistespräsenz, und eine Zentrierung im Hier und Jetzt ermöglicht. Es ist eine Geistesverfassung, die von einer faszinierenden Klarheit der Wahrnehmung geprägt ist, an keiner speziellen Sache oder Zielvorstellung haftet und eine „reine" Aufmerksamkeit gewährleistet. Diesen Zustand des Bewußtseins so weit und intensiv wie möglich zu erreichen ist die Grundausrichtung aller energetisierenden und lebensbejahenden Übungen.

Nach Stephano Sabetti ist unser Leben ein Prozeß des Gewahrwerdens der unvergänglichen Wahrheit und der absoluten Wirklichkeit. Das heißt, wenn wir aufmerksamer und bewußter werden, öffnen wir die Pforten der Wahrnehmung für die Möglichkeit, mehr in uns selbst und der Welt zu sehen. Bewußtheit ist demnach der erste Schritt im Prozeß des Wandels und der Evolution. Wahre Bewußtheit, so der bekannte Psychologie-Professor, bedeutet zu sehen und in diesem Wahrnehmen zu verharren, bis es uns zu einer Bewegung führt.

Es geht um ein ganzheitliches und umfassendes inneres Gewahrwerden unseres Selbst. Dadurch erklimmen wir die Erkenntnis des Gefangen-seins in unserer Welt und gewinnen die Fähigkeit, Barrikaden der „alltäglichen Wahrnehmung" zu durchbrechen, durchlässig und überwindbar zu machen. Bis zum Horizont und darüber hinaus!

Die Akzeptanz beider Welten, der inneren als auch der äußeren, die gleichzeitige Wahrnehmung und deren „Begreifen" im Hier und Jetzt, führt uns zum Einfachen, zum Ganzen. Meditation, das „Eintauchen" in den Augen-Blick, beruhigt das Gedankenkarussell, befreit den Geist und bereitet ihm den Weg zur Erfüllung seiner eigentlichen Aufgabe.

Stille, Offenheit und Klarheit stehen in einem unmittelbaren Verhältnis und bedingen sich gegenseitig. Entspannung ist daher eine befreiende Voraussetzung, um mit uns und unserer Umwelt in Beziehung zu kommen. Ruhe und Gedankenleere als Bedingung zur Erreichung des Nicht-Absichtsvollen. Alles, was wir im Hier und Jetzt machen, gestalten wir echt, ganz und wirklich.

Dazu brauchst du nicht auf deine Pläne, Visionen, Zukunftsaussichten, auch nicht auf deine Lernerfahrungen der Vergangenheit zu verzichten. Gib auch diesen Teilen und Absichten in dir Zeit, um bearbeitet zu werden. Ein ständiges Kreisen und Verharren in einer Nicht-Gegenwarts-Dimension, hindert dich jedoch am konkreten Weiter-Gehen. Vielleicht denkst du in diesem Zusammenhang einmal darüber nach, ob dich die Vergangenheitsorientierung dabei unterstützt, der Konfrontation mit dem gegenwärtig Realen (dem Jetzt) auszuweichen. Sei einfach da – im Hier und Jetzt!

„Ein Samurai hatte zu Hause eine Ratte, die er nicht loswerden konnte. Er erwarb daher eine wundervolle, kräftige und mutige Katze. Doch die Ratte war schneller, und so zog die Katze den kürzeren. Da nahm der Samurai eine andere Katze, die war ungemein schlau und durchtrieben. Doch die Ratte nahm sich in acht und zeigte sich nur noch, wenn die Katze schlief. Also lieh ihm der Zenmönch des benachbarten Tempels seine Katze. Diese hatte gar nichts Besonderes an sich, schlief den ganzen Tag, ohne sich um ihre Umgebung zu kümmern. Der Samurai zuckte mit den Schultern, doch der Mönch bestand darauf, sie ihm zu überlassen. Die Katze verbrachte ihre Zeit mit Schlafen, und bald faßte die Ratte wieder Mut und lief sogar vor der Katze hin und her, die sich offensichtlich nicht darum kümmerte. Und eines Tages, ganz plötzlich, fing die Katze mit einem einzigen Hieb die Ratte und streckte sie nieder. Körperliche Kraft und technische Geschicklichkeit sind eben nichts ohne die Wachsamkeit des Geistes"

– Deshimaru-Roshi

Übung: *Meditatives Gehen*

Unsere ganze Lebensfreude besteht vielleicht darin, wie wir unseren Lebensweg beschreiten. Wie wir gehen, so geht es uns. Die Kunst des Gehens liegt in der kraftvollen Verinnerlichung des Tuns. Gehen, wenn wir gehen, bewußt zu sein in jeder Bewegung. Sich mit Freude dem Lauf der Dinge hingeben und mit Genuß jeden einzelnen Schritt erleben. Im Gehen zur Ruhe kommen und gleichzeitig den Boden unter unseren Füßen beachten.

Jeden Tag für kurze Zeit langsam gehen, im Büro, in der freien Natur oder sonst irgendwo. Den Körper und die Gefühle in der Bewegung neugierig beobachten. Dieser eine Schritt ist jetzt entscheidend. Aus dem Stand das Körpergewicht langsam auf das rechte Bein verlagern, den linken Fuß geschmeidig einen halben Schritt mit der Ferse nach vorne setzen. Den linken Fuß behutsam mit der ganzen Sohle aufsetzen, das Körpergewicht dabei auf das linke Bein verlagern. Nun erst die rechte Ferse heben und weitergehen. Gelassenes Aufgerichtetsein. Die Augen blicken auf den Boden und die Lider bleiben gesenkt. Einatmen, den Fuß vom Boden heben, ihn sanft nach vorne bewegen. Ausatmen, den Fuß voller Vertrauen aufsetzen und das Gewicht des Körpers abgeben. Langsam gehen, bedächtig atmend. Schritt für Schritt sich öffnen für Unbekanntes. Jeder Schritt birgt eine neue Chance.

2.2 *Haltung* oder: der Körper als ein Mudra*

Die Haltung bzw. die richtige Ausrichtung des Körpers ist zentraler Ansatzpunkt vieler westlicher Körperschulen, letztlich vielleicht sogar Kardinalpunkt der biopsychologischen Perspektive. Die Haltung als Geste des Seins – eine Manifestation der Geist-Körperlichkeit im Augenblick. Interessant sind insbesondere zwei angestrebte Ausrichtungstendenzen:

1. Zum einen geht es um die *Aufrichtung* des Menschen in *vertikaler Richtung*; quasi seine Position als Mittler zwischen Himmel und Erde.
2. Die Ausdehnungstendenz entspricht der *Ausrichtung* in *horizontaler Ebene*; letztlich als Ausdruck des in Bezug-Seins mit sich selbst, aber auch dem Makrokosmos.

Wichtig ist dabei das Wohlbefinden des Körpers und die natürliche und stimmige Formierung der Wirbelsäule. Nichts soll erzwungen werden oder unter Belastung geschehen.

---

* Unter einem Mudra versteht man eine Geste, die mystische Stellung der Hände, ein Siegel oder ein bestimmtes Symbol. Durch bestimme Finger- oder Körperhaltungen werden bestimmte innerpsychische Zustände oder Prozesse symbolisch dargestellt. Die Hand wird eine Art Universum en miniature. Den Ursprung dieser Mudras vermutet man im indischen Tanz. Verbale Kommunikation wird durch den Symbolgehalt der analogen Körpergebärde ersetzt und der Tanz als physische Manifestation des kosmischen Rhythmus angesehen.

Dazu folgende Vorstellungs- bzw. Ausrichtungshilfen:

Suche dir eine vertikale Linie, achte darauf und laß jeden Muskel deines Körpers in dieser Richtung sich ausbreiten.

Vertikale Aufrichtungslinie

In weiterer Folge suchst du dir eine horizontale Linie und läßt jeden Muskel deines Körpers in dieser Richtung weiten.

Horizontale Ausrichtungs- und Weitungslinie

Wechsle im nächsten Schritt in deinem eigenen Rhythmus zwischen vertikaler und horizontaler Richtung ab.

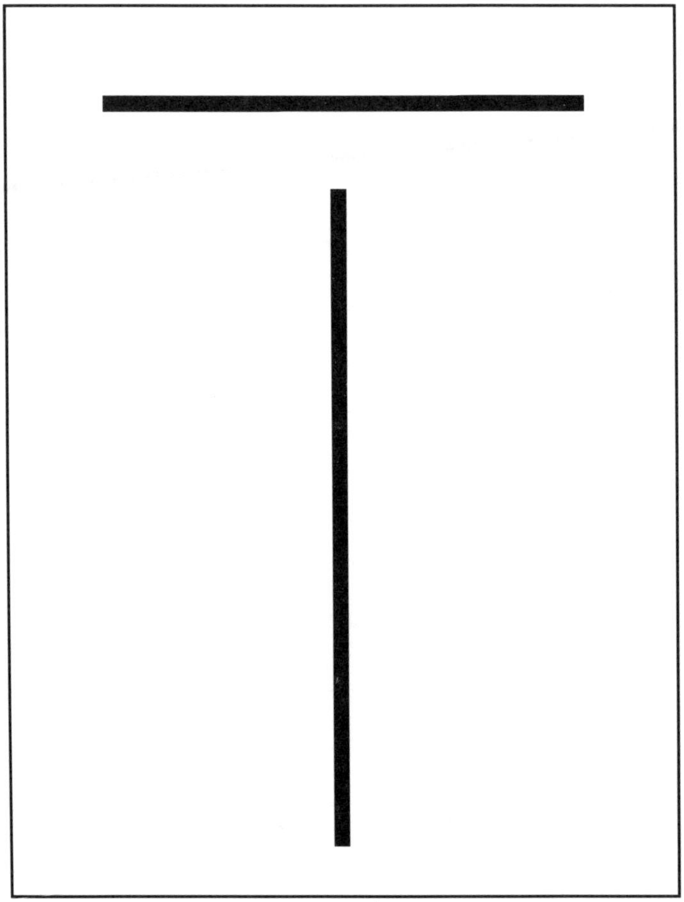

Ausrichtungswechsel

Als Abschluß dieser Übungsreihe, die du beliebig oft und lange durchführen kannst, läßt du beide Tendenzen gleichzeitig wirksam werden. Laß sich vertikale Aufrichtung und horizontale Ausdehnung miteinander vereinen.

Ausrichtungsverknüpfung

Haltung mit Herz

Die Aufrichtung des Menschen, schreibt Winfried Wagner, ist eine Bewegung nach oben. Erst für den senkrecht aufgerichteten Menschen ergibt sich die Möglichkeit der Unterscheidung von oben und unten, vorne und hinten, links und rechts, sowie der Ferne und Nähe mit den damit verbundenen spezifischen menschlichen Erfahrungsqualitäten und Bedeutungen. Genau diese Form des Aufgerichtet-Seins ist ein wesentliches Element der spezifisch menschlichen Entwicklung. Im Aufgerichtetsein ist der Prozeß, den wir als menschliches Bewußtsein bezeichnen, in Gang gekommen.

Eine besondere Bedeutung kommt der Wirbelsäule zu, da sie im Zentrum des Skelett-, Muskel- und Nervensystems steht. Wenn die Wirbelsäule gestreckt wird, mit der Streckung einer Perlenkette vergleichbar, wird das Muskel- und Bandsystem gestärkt, der Körper energetisch angeregt und die Verdauung verbessert. Mehr Sauerstoff wird verfügbar, und die Organe werden an ihren vorgesehenen natürlichen Platz geschoben.

Strahle wie eine Sonne in alle Himmelsrichtungen gleichzeitig! Laß dich längen und strecke dich in regelmäßigen Abständen!

Um deiner Wirbelsäule „einen Gefallen zu tun", kannst du dir vorstellen, daß diese von einem seidenen Faden über den Scheitelpunkt nach oben gezogen wird, während gleichzeitig ein weiterer Seidenfaden am Steißbein ansetzt und nach unten zieht. Im Prinzip spielt sich unser ganzes Leben in diesem Kräfte- und Spannungsfeld ab. Eine fördernde menschliche Haltung ist demnach mit einer harmonischen Ausrichtung des gesamten Körpers zu vergleichen. Du kannst dir dazu vorstellen, daß dich ein sanfter Zug vom Scheitelpunkt senkrecht nach oben ausrichtet und dir in jeder Position und Bewegung die volle Größe ermöglicht.

Wir haben die natürlichen Funktionen der Wirbelsäule vielfach aus dem Bewußtsein gedrängt. So längt sich die Wirbelsäule von selbst über Nacht. Während des Tages wirst du dann allmählich kleiner, geduckter und im wahrsten Sinne des Wortes „vom Leben gebeugt".

Tiere verhindern diesen Mechanismus, indem sie sich regelmäßig strecken und recken.

Einer der genialsten Körpertherapeuten, F.M. Alexander, bezeichnete die Kopf-Nacken-Rücken-Beziehung als Primärkontrolle. Dieser Hauptreflex unseres Körpers steuert die Gesamtheit der Abläufe im Körper und beeinflußt gleichermaßen Koordination wie Gleichgewicht. Er war davon überzeugt, daß körperliche, seelische und geistige Belange in Muskelanspannung übersetzt wer-

In jedem Mann, in jeder Frau und in jedem Kind ist die Möglichkeit physischer Vollkommenheit veranlagt; es liegt nur an uns, ob wir sie durch persönliches Verständnis und persönliche Anstrengung verwirklichen.
- Frederick Matthias Alexander

den und diesen Verkrampfungen nur durch eine sensible Haltungskorrektur beizukommen ist. Das Ziel dieses Verfahrens liegt, vereinfacht dargestellt, im Zurückgewinnen der spielerischen und unbefangenen Haltungsbalance eines Kleinkindes.

Es geht um die Bewußtheit über unsere geistige Einstellung bzw. des sensorischen Wahrnehmungsvermögens. Durch gezielte geistige Anweisungen wie: „*Möge mein Hals frei sein, mein Kopf nach vorn und nach oben gehen, der Oberkörper länger und weiter werden, die Beine sich vom Oberkörper lösen, die Schultern sich weiten*", verändern sich Körperbewußtheit ebenso wie Fehlhaltungen und Verspannungen.

Alexander fand den Schlüssel zur Behebung verschiedenster Krankheiten im richtigen Gebrauch der Hinterhauptmuskeln. Denn in diesem Bereich liegt eine zentrale Steuerungsstelle, die für das feine und gleitende Zusammenspiel der gesamten Muskulatur verantwortlich ist. Dieses „Nervenorgan" steuert sozusagen die gesamte Koordination des Muskelsystems. Der Kopfhaltung kommt daher insofern eine zentrale Funktion zu, als dieses steuernde Organ nur bei lockerer und aufrechter Kopfhaltung seinen Dienst optimal erfüllen kann.

Der Aufbau einer korrekten Körperhaltung bis zur „Bärenstellung"

1. Zu Beginn dieser Übungseinheit solltest du dich an einen Ort zurückziehen, an dem du ungestört, in Ruhe und in angenehmer Umgebung üben kannst.

2. Schließe deine Augen und nimm wahr, wie deine Füße sich anfühlen. Richte sie schulterbreit aus, so daß die Außenkanten parallel zueinander stehen. Die Zehen können leicht nach außen zeigen, jedoch niemals über 45 Grad.

3. Nimm wahr, wie sich das Gewicht deines Körpers auf dem Boden bzw. den Füßen verteilt. Während der nächsten Schritte geht es darum, die körperliche und in weiterer Folge die geistige Mitte zu finden, indem du den Körper in eine stabile Haltung bringst.

Bei geschlossenen Augen kannst du ganz bedächtig damit beginnen, den Körper zuerst zur Seite, anschließend vor und zurück zu bewegen. Wenn du möchtest, sind auch Kreisbewegungen möglich. Pendle in alle Richtungen, anfangs sanft, dann etwas stärker. Anschließend werden die Bewegungen und Schwankungen wieder kleiner, bis sie irgendwann nicht mehr erkennbar sind. Du kannst noch einige Zeit im Inneren weiterschwingen, ohne daß eine (äußerliche) Bewegung des Körpers erkennbar ist. Du stehst dann in der richtigen Fuß-Position, wenn du eine stabile Lage gefunden hast und sich der Druck möglichst weitflächig auf die Sohle verteilt hat.

4. Als nächstes geht es um die optimale Spannung der Oberschenkel bzw. die Öffnung und Beugung der Kniegelenke. Die Kniescheiben sollten möglichst genau über den Füßen ruhen, und der Schwerpunkt wird durch ein leichtes Beugen der Knie nach unten verlagert. Dadurch entsteht eine leichte (bei manchen stärkere) Spannung in den Oberschenkeln. Richte dich langsam wieder auf, senke dich wieder und finde die optimale Spannung.

5. Der nächste Aufmerksamkeitsfokus ist das Becken bzw. die Lotrechtstellung der Wirbelsäule. Drücke das Becken zunächst nach hinten und anschließend in die entgegengesetzte Richtung und finde dann eine Position, die das Becken stabil auf den Oberschenkeln ruhen läßt und gleichzeitig einen „gesicherten" Aufbau des Rückgrats ermöglicht.

   Die Stellung des Beckens ist harmonisch ausgerichtet, wenn Lendenwirbelsäule und Kreuzbein im Lot sind. Die korrekte Position der Beckenstellung kann durch ein Abtasten mit Hilfe des Handrückens entlang der Lendenwirbelsäule erspürt werden.

6. Nun kannst du mit einer kleinen Vorstellungshilfe arbeiten. Klettere wie eine Ranke und mit liebevoller Aufmerksamkeit deine Wirbelsäule nach oben. Wirbel für Wirbel, beginnend mit dem Steißbein.

   Stell dir vor, daß an Steiß- bzw. Scheitelpunkt ein seidener Faden befestigt ist, der dich gleichermaßen nach unten wie nach oben zieht. Achte sanft darauf, wie sich durch diese Dehnung deine Wirbelsäule weiter aufrichtet und die Verbindung „Erde-Mensch-Himmel" deutlich spürbar wird.

7. Als letztes geht es um die optimale Position der Schultern. Dazu kannst du zunächst deine Schultern so weit wie möglich hochziehen, um sie dann mit einem kräftigen Atemstoß nach unten sacken zu lassen. Du kannst dieses

Wechselspiel so lange wiederholen, bis du ein angenehmes Gefühl in den Schultern hast.

Analog diesem Wechsel von Oben und Unten folgt nun der Ausgleich von Vor und Zurück. Laß die Schultern nach vorne kommen, drücke sie fest zusammen und achte auf deine Empfindungen. Anschließend bewegen sich deine Schultern nach hinten – finde schlußendlich eine Position, in welcher der Atem ungehindert und leicht fließen kann. Stell dir vor, wie sich deine Schultern nach außen weiten, Raum gewinnen und öffne abschließend die Achseln, damit die Hände weich und geschmeidig seitlich hinunterbaumeln können.

Um die „optimale" Spannung in den Fingern zu erreichen, kannst du sie zunächst abspreizen, wieder lösen, um dann schlußendlich eine angenehme Wohlspannung zu erzielen.

8. **Die Bärenstellung:**

Die Füße stehen nun im schulterbreiten Stand parallel zueinander. Die Knie befinden sich über den Füßen, und das Rückgrat steht senkrecht. Das Becken ruht stabil und gibt der Wirbelsäule die Möglichkeit, sich nach unten und oben zu längen. Der Rücken ist bei gelöster Muskulatur möglichst gerade und die Schultern fallen gelöst nach unten. Gleichzeitig weiten sie sich nach außen. Der Blick ist nun nach vorn und in die Ferne (auf kein bestimmtes Objekt) gerichtet. Insgesamt geht es darum, sich bewußt zu erden, zu zentrieren und aufzurichten.

Wichtig: Wenn du diese Stellung eingenommen hast, richte deine Aufmerksamkeit in den Bauchraum. Löse die Bauchmuskulatur so wie es dir möglich ist. Nun kannst du sanft einen Ton entstehen lassen, einen Brummton wie ein Bär. Verwende den Ton „o" bzw. „u", um den Unterbauch zu aktivieren. Hier liegt das „Hara" (jap.) bzw. das „Tan Tien" (chin.), das Energiezentrum des Menschen (ca. 2-3 Fingerbreiten unterhalb des Bauchnabels und 5-10 Zentimeter im Körperinneren).

2.3 *Spannung* oder: Eisen und Seide

Das Wechselspiel von Spannung und Lösung gehört demnach zu den unabdingbaren Voraussetzungen des menschlichen Lebens. Sobald ein disharmonisches Ungleichgewicht auftritt, kommt es zu körperlichen und geistigen Blockaden, auf jeden Fall aber einerseits zu Nervosität, Verkrampfung bzw. zu einem zähen K(r)ampf bis hin zur vollkommenen Selbstaufgabe in einem totalen „Sich-gehenlassen". Ziel ist es, sich aus einer gefestigten und stabilen Mitte heraus zu bewegen und damit das rechte Verhältnis der Körperenergien zu erlangen. Ein Handeln aus einer verankerten Leibesmitte bringt Gefühl und Verstand in ein harmonisches Ganzes und gibt dem „unteren Raum" die Möglichkeit, das was „oben" ist, integrierend mit aufzunehmen und in gelassenem Zustand zu tragen.

Die tragende Basis des inneren Gleichgewichts ist diese Gelöstheit, der gesunde Ausgleich von An- und Entspannung. Die *Acht Edlen Übungen* sind hierzu ein wunderbares System, um einerseits das Körperbewußtsein zu schulen und andererseits einen sensiblen Ausgleich der Körperenergien zu schaffen. Wenn es uns gelingt, ausgeglichen zu sein, werden Gefühle tief und intensiv erfahrbar, spüren wir immer öfter das Eingebunden-Sein in den fließenden Rhythmus des gesamten Universums. Die Welt, schreibt Tulku, wird sich in dem Augenblick im Gleichgewicht befinden, in dem wir im Gleichgewicht ruhen. Wir sind auf natürliche Weise mit der Welt verbunden: Die Elemente, aus denen das Universum aufgebaut ist, befinden sich auch in uns ... jede unserer Handlungen, so unbedeutend sie uns auch erscheinen mag, beeinflußt das gesamte Universum, so wie jede Welle die Küste beeinflußt.

Weich ist stärker als hart, Wasser stärker als Fels ...
– Laotse

Wer sich verändern und lernen möchte, Bewegungen jeglicher Art sensibler und achtsamer wahrzunehmen, kommt nicht daran vorbei, ein Gefühl für Spannung und Lösung bzw. für den Muskeltonus zu entwickeln. Du wirst sehr schnell feststellen, daß bei den meisten Bewegungen die dafür eingesetzte Muskelaktivität (Spannung) in keinem Verhältnis zur Wirkung steht. Die Muskeln werden meist mehr beansprucht als nötig. Um dir einen Eigenversuch zu ermöglichen, laden wir dich jetzt zu einer kleinen Momentaufnahme ein:

Bodyscan

Richte dich bitte auf, bewege dich durch den Raum und komme dann an einer von dir ausgewählten Stelle zur Ruhe. Schließe deine Augen und sei aufmerksam. Bewußtsein und Achtsamkeit sind jetzt gefragt. Stell dir nun selbst (am besten begleitet dich bei dieser Übung ein Vertrauenspartner) die folgenden Fragen:

- ❖ Welche Stellung haben deine Beine eingenommen?
- ❖ Wie stehen deine Füße, und an welchen Punkten kannst du am meisten Druck spüren?
- ❖ Welchen Beugewinkel haben deine Kniegelenke? Sind sie vollkommen durchgestreckt, oder sind sie gebeugt?
- ❖ Wie und wo empfindest du die Spannung deiner Oberschenkel?
- ❖ In welcher Stellung befindet sich dein Becken? „Entenstellung“ oder nach vorne gepreßt?
- ❖ Ist dein Rücken gerade, oder läßt sich mittels Abtasten ein Hohlkreuz feststellen?
- ❖ Fließt dein Atem rhythmisch und ungehindert durch deinen Körper, oder spürst du Begrenzungen?
- ❖ Achte in diesem Zusammenhang auf deine Brustwirbelsäule bzw. die Stellung deiner Schultern. Hältst du die Schultern fest? Fühlst du eine muskuläre Anstrengung oder Spannung?

- ❖ Haben deine Schultern genügend Raum?
- ❖ Wie ist die Spannung in deinen Händen? Hängen die Finger locker-gelöst nach unten, oder hast du sie zur Faust geballt?
- ❖ Ist der Halsbereich frei von überflüssiger Spannung?
- ❖ Befindet sich der Kopf prinzipiell mehr vorne und oben oder unten-hinten?
- ❖ Ist dein Mund offen oder geschlossen? Ruht die Zunge im Mundraum? Wie stark ist die Spannung im Kieferbereich?
- ❖ Fühlst du dich insgesamt eher gelöst oder ... ?

Als Zusatzübung kannst du mit folgender Vorstellungshilfe überflüssige Spannungen in Körper und Geist bewußt wahrnehmen und mit dem Atem schmelzen lassen.

Schmelztiegel

Halte deine Augen weiterhin geschlossen, bring deine Schultern bewußt in eine Haltung, die einen ungehinderten Atemfluß ermöglicht und gewähre deiner Atmung ihren natürlichen Fluß. Wie ein kleines „Spannungs-Radar" kannst du nun durch den Körper wandern, aufgespürte und registrierte Spannungen mittels deiner Atmung zum Schmelzen bringen. Stell dir vor, wie dein Atem den verkrampften Körperteil durchflutet und löst. Laß deine Aufmerksamkeit durch den gesamten Körper fluten und schmelze dich in einen angenehmen physischen und psychischen Zustand ein. Mach diese Übung so lange du das Gefühl hast, dir etwas Gutes zu tun.

Sanft und Weich

Laß sämtliche Bewegungen vom Geist ausgehen und stell dir in sanfter Art folgende Fragen:

- ➤ Was kann weicher sein?
- ➤ Was kann leichter sein?
- ➤ Was fühlt sich besser an ... was könnte angenehmer sein als dies?

Stell dir diese Fragen, ohne wirklich eine konkrete Antwort zu erwarten. Spüre achtsam deinen Empfindungen nach und nimm wahr, wie der Bewegungsfluß auf die Bewegungen deines Geistes anspricht und feiner sowie freier wird.

Laß dich von deinem Gefühl leiten und sei dir bewußt, wie schön, wie harmonisch und leicht die Bewegungen der *Acht Edlen Übungen* sein können. Alles fängt immer wieder damit an, daß du dir folgende Fragen stellst:

- Was ist weicher und leichter?
- Was ist wohltuender?
- Was ist sanfter?

2.4 *Atmung* oder: wie von selbst

Viele Kulturen haben sich bereits seit Jahrtausenden um die „Mystik" und die Bedeutung des Atems gekümmert. Im Prinzip sollte sich jede Atemschulung um den ganzen Menschen, um seine Ganzheit, letztlich die Einheit von Leib, Seele und Geist kümmern. Mit dem Atem werden Energien gesteuert, freigesetzt oder zurückgehalten, seine Bewegungen sind quasi der unmittelbare Ausdruck des Lebendigseins.

Moderne Atemschulen gehen davon aus, daß es unsinnig ist, den Atem aktiv und bewußt zu manipulieren, ihn in bestimmte Bahnen oder Rhythmen zu „zwängen", sondern schaffen diesem autonomen Geschehen einen entsprechenden Rahmen, der Veränderungsprozesse ermöglicht. Die Ahnung, meint Dore Jacobs, daß in der Atmung ein Zugang zur Mitte des Menschen und eine Quelle produktiver Kräfte gegeben ist, treibt heute viele zu schädlichen, ja nicht selten gefährlichen Experimenten. Auch das im fernöstlichen Kulturkreis Richtige kann ja gefährlich werden, wenn es von Menschen westlicher Zivilisation versucht wird; denn es setzt eine unverdorbene Atmung voraus, die wir nicht mehr haben. Am Leitseil des Atems, schreibt Ilse Middendorf, wächst das Leibliche ins Gleichgewicht zum Seelischen und Geistigen, so daß eine Mitte entsteht, die Ego und Wesen umschließt zu einer neuen Ich-Kraft, die gleichzeitig Substanz und Verwirklichung ist.

Alle Heilung geht durch den Atem. – *Paracelsus*

Wenn wir natürlich atmen, verläuft dieser Prozeß, wie beinahe alle Organtätigkeiten im menschlichen Körper, unbewußt und ohne unser Zutun ab. Atemschulung besagt, daß der Atem mittels einer subtilen Beobachtung ins rechte Lot gebracht werden kann. Aber ... unsere natürliche Atmung hat viele Vorteile zu bieten, insbesondere die besondere Fähigkeit der raschen Anpassung an sich verändernde Bedingungen. Wir gehen daher von der Annahme aus, daß ein unbeeinflußter Atem viele Vorteile gegenüber dem eingeübten und kontrollierten Atem zu bieten hat.

Aus diesem Grunde bieten wir dir lediglich Übungen und Hilfestellungen an, die dich bewußter werden lassen und die Möglichkeit bieten, den Atem auch einmal aus einer Beobachterposition zu erfahren. Es gibt einfach kein für jeden Menschen gültiges und gleichartiges Atemmuster, weder hinsichtlich der Atemfrequenz, noch der Tiefe oder sonstiger Parameter. Die von uns betonte und für die Übungen erwünschte Atmung kann daher nicht „trainiert", sondern lediglich „offengelassen" werden. **Sei einfach aufmerksam und bewußt. Die Atmung wahr-zunehmen, ist vollkommen ausreichend.**

Der für uns interessanteste Teil der Atmung ist der Reflex im Zwerchfell. Dieser Reflex steuert das Einatmen und sorgt dafür, daß für die jeweilige Anforderung eine ausreichende Menge an Sauerstoff zugeführt wird. **Beobachte in liebevoller Achtsamkeit und lerne aus diesen Beobachtungen.**

Für die Übungen bedeutet dies keine Atemlenkung. Wenn du gleich zu Beginn der Übungen versuchst, Bewegung und Atmung miteinander zu verknüpfen, wirst du dich verkrampfen und deiner Gesundheit viel mehr schaden, als sie zu fördern.

Laß deine Freude an der Bewegung sich mit deinem Atem verbinden. Die wichtigste Voraussetzung dieser Verknüpfung ist liebevolle Aufmerksamkeit, Ausdauer und Geduld. Schnellebigkeit ist nicht gefragt.

Du kannst vor den Übungen bzw. im Anschluß an deine Bewegungssequenz deinen Atemrhythmus verfolgen und aufmerksam studieren, ohne Einfluß nehmen zu wollen. Die Synchronisation von Bewegungsablauf und Atemzyklus kommt von ganz allein.

Laß den Atem fließen, zwinge ihn in kein Korsett. Laß deinen Atem entscheiden, wann und wie er sich bewegen möchte. Atme ein, wenn es dein Rhythmus wünscht –

auch wenn du „eigentlich" (z.B. laut Übungsbeschreibung) ausatmen solltest. Der ungehinderte Atemfluß hat höchste Priorität. Erst nach mehreren Jahren des geduldigen „Atem-fließen-Lassens" ist es sinnvoll, sich mit fortgeschrittenen Atemtechniken (z.B. umgekehrte und embryonale Atmung) zu beschäftigen.

Atemmeditation

Schließ deine Augen, sammle dich und trete in die Ruhe ein. Dein Gesicht trägt dabei ein gelöstes „inneres Lächeln". Nimm die natürlichen Vorgänge deines Körpers wahr, während du den Atem von selbst ein- und ausströmen läßt.

Beobachte die Atemtätigkeit, ohne den Atemrhythmus in irgendeiner Weise abzuwandeln. Atme, wenn möglich, durch die Nase mühelos EIN und AUS. Fühle die Luft an den Nasenflügeln entlangströmen. Fühle, daß du dich mit der Ausatmung unendlich weit im Raum ausdehnst. Setze einfach voraus und vertraue darauf, daß diese Ausdehnung „geschieht" – du brauchst dazu keine besonderen Vorstellungshilfen. Dies ist alles für den Anfang. Liebevolle Aufmerksamkeit ist jetzt gefragt. Einfach beobachten. Sollte deine Aufmerksamkeit während dieser Übung wandern, so bringe sie sanft zu diesem Vorgang zurück.

2.5 *Weicher Blick* oder: die Weisheit der Augen

Das Auge gilt seit jeher als symbolischer Spiegel der Seele, letztlich der innerpsychischen Prozesse. Im Udjat-Auge des ägyptischen Himmelsgottes Horus verdeutlicht sich die Weitsicht und die Allwissenheit.

In vielen spirituellen Schriften manifestieren sich im Augensymbol die Themen Wachsamkeit, die Anwesenheit Gottes, Allwissenheit bzw. die Erkenntnisfähigkeit der Weisheit. Es ist das Organ des Lichts und der Bewußtheit. In der ägyptischen Mythologie entsteht aus ihm die Welt, denn es läßt uns durch sein Medium gewahr werden.

Die wirkliche Entdeckungsreise besteht nicht im Besuch neuer Länder, sondern im Erwerb neuer Augen. – *Marcel Proust*

Auch in den traditionellen indischen Tänzen, die eine Wurzel unterschiedlichster asiatischer Kampfkünste darstellen, werden verschiedene Blickarten verwendet. Sämtliche Bewegungen, auch die Augenbewegungen, sind genauestens festgelegt. Nichts geschieht umsonst oder zufällig.

Bei den *Acht Edlen Übungen* geht es ebenso um eine besondere Schulung des Blicks. Der Blick gleitet und schwebt langsam, ohne an

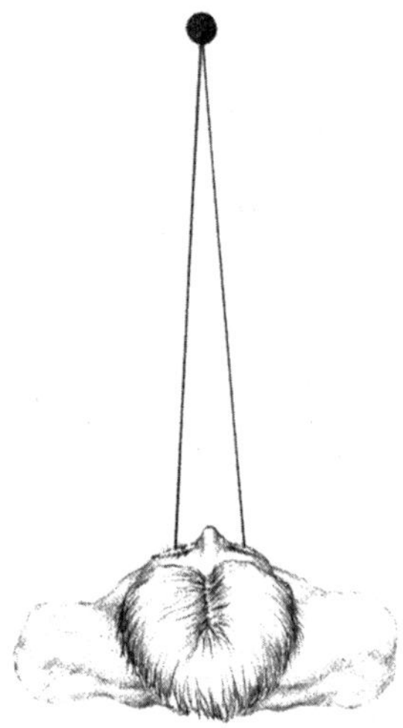

Objekt-fixierter Blick (Pennington 1994, 32)

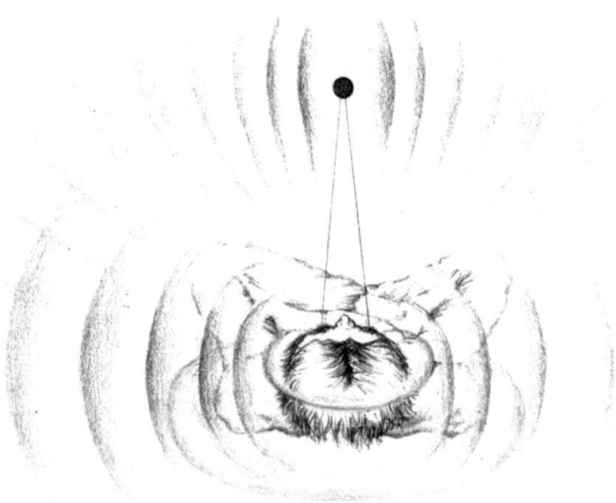

Weicher Blick (Pennington 1994, 33)

etwas Bestimmtem hängenzubleiben. Man kann auch von einem „Weichen Blick" sprechen. George Pennington erachtet diesen weichen Blick als eine spezielle Art, die Wahrnehmung zu entfalten: eine Art Weitwinkelobjektiv des Geistes. Das Bewußtsein stellt sich dabei quasi an die Grenzlinie von Innen- und Außenwahrnehmung und blickt – janusköpfig – in alle Richtungen gleichzeitig.

Die Augen haben eine Verbindung zu allen Organen. Ein echtes Lächeln ist automatisch mit einem bestimmten (authentischen) Augenausdruck verknüpft. Daher haben wir in unseren Seminaren die Einführung des Inneren Lächelns als besondere Bereicherung erfahren. Darunter wird ganz einfach eine besondere innere Einstellung zu sich selbst und anderen verstanden. Es ist ein wohlwollender und liebevoll-fürsorglicher Umgang mit sich selbst. Sich dieses Lächeln zu schenken, hat nicht nur eine heilende, sondern auch eine verjüngende Wirkung. Ein echtes Lächeln birgt ungeheure Kraft und setzt schlummernde Energien frei!

Lächle dir selbst so oft wie möglich zu, freue dich und laß deinen Atem fließen. Dieses innere Lächeln wird sehr bald eine angenehme Auswirkung auf deine Umgebung und deine Mitmenschen entfalten. Laß dich überraschen. Als kleine Vorstellungshilfe kannst du dazu das „Lächeln" der Mona Lisa nutzen.

2.6 *Pulsieren* oder: Grenzen auflösen

Nach Ansicht des bekannten Physikers David Bohm besteht die Welt aus Energie. Diese physikalische These ist zugleich der Schlüssel zur gefühlsmäßigen Erfahrung, daß eine unauflösbare Zusammengehörigkeit des Menschen mit seiner Umwelt existiert, der Zugang zur Verbundenheit mit sich selbst und mit allen anderen ist. Wenn ich nur ansatzweise empfinde, daß die Welt aus Energie besteht, beginnen sich starre Grenzen aufzulösen und festgefahrene Standpunkte zu verändern. Altes kann wieder neu in Bezug gesetzt werden.

Hinter dem vordergründig Gegensätzlichen verbirgt sich eine grundlegende Einheit. Daher ist ein wichtiges Ziel dieser meditativen Bewegungsform, die Verbundenheit aller Teile untereinander zu erfahren, einen entscheidenden Schritt zur Ganzheit näherzukommen. Wenn ich beginne, meine scheinbar vorgegebenen Grenzen aufzulösen und Gefühle ausdehne, wird ein Zugang zur Ganzheit möglich.

Wenn du dich mit dieser Idee anfreunden kannst, wird Einsteins Aussage „Alles ist Leere, und Form ist verdichtete Leere" (alles besteht aus derselben Substanz) verständlich. Die Beziehung zwischen Form und Leere kann nicht als Zustand sich gegenseitig ausschließender Gegensätze wahrgenommen werden, sondern nur als zwei Aspekte derselben Wirklichkeit, die nebeneinander existieren, meint Lama Govinda.

Das gesamte Universum kann als Hologramm gesehen werden. In bezug auf den menschlichen Geist bedeutet diese Annahme, daß das Gehirn selbst mit dem Rest des Universums grenzenlos verbunden sein muß. Das heißt, Alles ist mit Allem verbunden oder anders ausgedrückt: der Mikrokosmos „ist" im Makrokosmos und ebenso umgekehrt.

Ein Hologramm ist sozusagen eine dreidimensionale Photographie, die unter Zuhilfenahme eines Lasers produziert wird. Das Besondere an einem Hologramm ist die Informationsspeicherung. Wenn ein solches Photo in der Mitte durchtrennt wird, enthalten beide Teile nicht nur ihre eigenen Informationseinheiten (das, was ursprünglich auf diesem Teil zu sehen war), sondern auch alle anderen Informationen vom Rest des Bildes. Jedes Hologramm-Teilchen (auch wenn es noch so klein ist) enthält somit eine vollständige Abbildung des gesamten Bildes. Jedes einzelne Teil durchdringt letztlich alle anderen Teile.

Um in bezug auf unser Übungsprogramm den Körper „pulsieren" zu lassen, muß ich zunächst die Grenzen des Körpers erspüren und anschließend ausdehnen zu lernen.

Körpergrenzen spüren

Nimm nun eine für dich angenehme Position im Sitzen oder Liegen ein und konzentriere dich auf dein Hara. Es ist wichtig, diesen Bezugspunkt im Körper aufzuspüren, da sich hier die Lebensenergie bevorzugt sammelt. Horche in deinen Körper hinein, nimm sanft Kontakt zu deinem Tan Tien auf, welches auch für die natürliche Bauchatmung zuständig ist. Geh auf Tuchfühlung mit deinem Körper und achte bewußt darauf, an welcher Stelle dein Körpergefühl aufhört. Endet dein Körper bei den Knochen, den Muskeln, der Haut, oder reicht deine Empfindungsfähigkeit über die Körpergrenzen hinaus? Wo spürst du deine Grenzen? Wie merkst du, daß du an einer bestimmten Stelle „anstößt"?

Körpergrenzen ausdehnen

Nun kannst du daran gehen, die Körpergrenzen auszudehnen. Fühle über die bisherige Grenze hinaus und laß dich förmlich immer weiter und weiter ausbreiten. Wie fühlt sich das an? Gibt es erneut irgendwelche Stops zu empfinden? Ist dir dieses Gefühl willkommen, oder fühlst du dich dadurch bedroht, irritiert oder beeinträchtigt? Wenn du wieder zurückkehren möchtest, lenke deine Aufmerksamkeit sanft auf die Atmung oder das Hara zurück. Wenn dir dies schwerfallen sollte, nimm deine Hände zu Hilfe und fühle mit deinen Fingerkuppen oder Handflächen die physische Körpergrenze.

Nach einiger Praxis kannst du diese Übung auch im Stehen ausführen und dir vorstellen, wie sich deine Finger, Arme und Beine bis ins Unendliche verlängern. Laß Blick, Kopf, Gedanken, Arme und Beine bis ins Unendliche weiten, längen, öffnen. Dasselbe Prinzip kannst du auch im Umgang mit deinen Gefühlen verwenden. Dehne eine bestimmte Empfindung über den gesamten Körper aus, bis dieses Gefühl alles, auch die Grenze deines physischen Körpers durchdringt und nach außen strömt. Je intensiver du diese „Gefühlsdehnung" beherrschst, desto stärker regst du die Wechselbeziehung mit dem dich umgebenden Universum an. Deine Fähigkeiten, mit anderen Menschen oder Dingen mitschwingen zu können, wird proportional gesteigert. Tritt buchstäblich in Kontakt mit deiner

Umgebung, spüre die Wechselwirkungen und löse allmählich die beschränkenden Muster.

In diesem Sinne kann man sich den Körper vorstellen, wie er von einer unendlichen Anzahl von Kreisen umgeben ist, die bis in den Weltraum reichen können.

Wird eine einzige Ebene verändert, schwingen alle anderen mit, geraten sozusagen in Resonanz und verändern alles andere mit. Keine Veränderung geschieht ohne gleichzeitiges Mitschwingen des gesamten Systems.

Demnach wirkt jede Aktion, jedes Tun auf die umgebenden Kreise und umgekehrt. Von diesem Blick-Winkel trägst du für all deine Handlungen und Gedanken Verantwortung.

Hermann Haken, der Begründer der Synergetik (der Lehre vom Zusammenwirken), geht davon aus, daß alle Lebensvorgänge, angefangen von denen einer Zelle bis hin zum Zusammenleben von Menschheit und Natur, stets ineinander verzahnt sind, direkt oder auf Umwegen ineinander greifen. Je mehr Menschen bewußt Gedanken und Handlungen zu überdenken beginnen, desto schneller und sichtbarer werden die Auswirkungen sein. Eine schöne Idee des gegenseitigen Berührens durch Gedanken verdeutlicht die nebenstehende Graphik von Denny Johnson.

(alle drei Abbildungen aus: Johnson 1994, 172, 173, 134)

2.7 *Alles in einem* oder: eines in allem

Natürlich könnte man stundenlang über eine Integration der vorangegangenen sechs Ebenen philosophieren. Es beginnt mit einer einfachen Übung und endet mit etwas scheinbar ganz anderem. Die Erfahrungen, die Menschen auf dieser Ebene machen (vorausgesetzt, sie erreichen diese jemals), werden vordergründig sehr unterschiedlich, jedoch bei genauerer Betrachtung sehr ähnlich sein.

Es gibt nichts Gutes, außer man tut es.
– Erich Kästner

Die *Acht Edlen Übungen* sind auf alle Fälle viel zu kostbar, um im Physischen zu bleiben – sie streben und schreien förmlich nach mehr, reichen bis in die Unendlichkeit, verwandeln uns seelisch wie geistig.

Grundsätzlich werden vier Wege des Übens unterschieden:

1. Übungen in fester Position.
2. Übungen im Gehen unter Zuhilfenahme unterschiedlichster Vorstellungshilfen. Dabei ist es wichtig, Atmung, Fußstellungen, Körperbewegungen und Blick zu harmonisieren.
3. In freier Form werden die Übungselemente nicht mehr in der festgelegten Abfolge und auch nicht mehr in festgelegten Bewegungsmustern wiederholt, sondern in individuell einzigartiger Weise miteinander verbunden.
4. Wenn man nach langer Übungszeit viele Erfahrungen mit den *Acht Edlen Übungen* (oder sonstigen Qi Gong-Übungen) gemacht hat, kann man die Bewegungen auch als Meditationsübung in Ruhe praktizieren. Im Grunde

ist dies eine erweiterte Form des mentalen Trainings, wobei Bewegungen vorgestellt und geübt werden, ohne äußere Bewegungen auszuführen. Ausgangsstellung sowie Endstellung zugleich ist dazu meist die Bärenstellung.

Es wäre anmaßend und unstimmig, dem Weg und den Erfahrungen auf der siebten Ebene mit Worten näherkommen zu wollen. Wer diese Ebene kennengelernt hat, weiß sie möglicherweise zu vermitteln – ein Buch wird aber niemals auf dieser Erkenntnisebene geschrieben werden können.

Der weise Seng-Tsan versteht es, mit einfachen Worten Hochkomplexes zu umschreiben, wenn er meint:

> Der Weg der Harmonie ist problemlos, wenn du ihn mit aufgeschlossenem Geiste beschreitest. Zerteilst du ihn auch nur um eine Haaresbreite, klafft ein Abgrund zwischen Himmel und Erde. Um diesen Weg deutlich zu erkennen, halte mit deinen Gedanken weder an „diesem" noch an „jenem" fest.
>
> Nur wenn du frei von jeder Vorliebe bist, erscheint der Weg vollständig und unverhüllt. Der Zwiespalt zwischen dem, was dir gefällt und was nicht, dem was du erhoffst und was du fürchtest, was du liebst und was du haßt, ist die schlimmste Krankheit des Geistes. Wenn dies nicht verstanden wird, ist alles zwecklos, und es gibt keinen Frieden.
>
> Der Weg der Harmonie ist ein gewaltiger Raum, in dem es weder ein „Zuwenig" noch ein „Zuviel" gibt; wenn du aber nur auf einer Seite bleibst, siehst du das nicht. Jage nicht nach den äußeren Dingen, das sind nur Fallen; verfalle jedoch nicht in innere Leere, denn „Inneres" und „Äußeres" hängen immer zusammen. Verschmähe nicht die Sinnenwelt, denn „Höheres" und „Niedriges" existieren im Einen und ihre Gleichheit ist völlige Befreiung. Versuche nicht Ruhe zu finden, indem du die Bewegung anhältst, denn dann ist selbst Ruhe rastlos.
>
> Wenn du „Inneres" und „Äußeres", „Niedriges" und „Höheres", „Bewegung" und „Ruhe" als ein und dasselbe erkennst, mündet der Konflikt in Gelassenheit.
>
> Verwendest du deinen Geist, um an deinem Geist zu arbeiten, verwickelst und verknotest du dich immer mehr. Du klammerst dich an einen einzigen Gedanken, an den du hartnäckig glaubst. Auf diese Weise schaffst du deine eigene Täuschung. Was für eine Verwirrung ...
>
> Der ungeteilte Geist ist wie klares Wasser, vorhanden aber unsichtbar. Nicht einmal zehntausend Dinge trüben seine Klarheit ... wenn du vollständig bewußt bist, träumst du nicht. Wenn der Geist ungeteilt ist, sind die zehntausend Dinge eins. In der Einfachheit des Einen, so wie es ist, vergessen wir plötzlich unsere selbstgemachte Verworrenheit. Wir sind wieder zu den Wurzeln zurückgekehrt und sind, was wir sind.

3

Die Acht Edlen Übungen

Übersichtstafel für die Acht Edlen Übungen

1. Übung:
„Mit beiden Händen den Himmel stützen"

2. Übung:
„Den Bogen nach beiden Seiten spannen und auf den Adler zielen"

3. Übung:
„Milz und Magen stärken, indem man die Arme einzeln hochhebt"

4. Übung:
„Nach hinten schauen, fünf Krankheiten und sieben Leiden vertreiben"

5. Übung:
„Mit dem Kopf nicken, mit dem Steiß wedeln und das Feuer aus dem Herzen vertreiben“

6. Übung:
„Hüfte und Nieren stärken, indem man die Füße faßt“

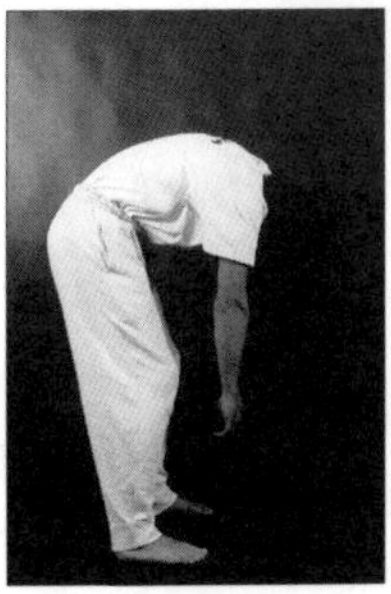

7. Übung:
„Die Fäuste ballen, mit den Augen funkeln, um die Qi-Kräfte zu vermehren“

8. Übung:
„Den Rücken sieben Mal fallenlassen und 100 Krankheiten vertreiben“

1. Übung

„Mit beiden Händen den Himmel stützen"

1

2

1. Steh ruhig und gelöst im schulterbreiten Stand und laß den Atem von selbst in den Unterbauch ein- und ausströmen; *löse die Gesäßmuskeln und beuge sanft deine Knie.*
   Laß die einzelnen Wirbel sich längen und strecken wie Perlen an einer seidenen Schnur. Die Hände werden vor dem Tan Tien zusammengeführt, wobei die Daumen sich berühren und die Handflächen zum Himmel zeigen. Löse sämtliche Verspannungen und schenke dem „Inneren Lächeln" Raum.
   Laß nun – mit lockeren Schultern – die Arme langsam kreisend nach vorne und oben bis auf Brusthöhe hochsteigen ...

2. *... um sie anschließend wieder auf Höhe des Tan Tien sinken zu lassen.*

Hinweis: Weil wir bei den *Acht Edlen Übungen* eine „Synchronisation" von Bewegung, innerer Aufmerksamkeit und der Atmung erreichen möchten, haben wir die Ausatmungsphasen der Bewegungen *kursiv* gekennzeichnet. Die Phasen der Einatmung sind in Normalschrift gedruckt.

3

4

3. Die Hände werden nun nach oben geführt (Handflächen zeigen dabei nach außen), bis sie sich über dem Kopf befinden und zum Himmel weisen.

4. *Mit dem Ausatmen drückst du die Arme sanft in die Höhe und erhebst dich langsam auf die Zehenspitzen.*

Während du den Atem wieder einströmen läßt, kommst du langsam wieder auf deine Fersen und führe die Arme in einem weiten Kreis bis zur Horizontalen, *um mit dem Ausatmen die Kreisbewegung zu vollenden.*
Diese Bewegungsabfolge solltest du mindestens viermal hintereinander ausführen und darauf achten, daß du dabei den Körper möglichst gelöst hältst.

Gesundheitlicher Effekt

Diese *erste* der *Acht Edlen Übungen* reguliert die Nervenzentren der Atmung, der Verdauung und der Sexualität. Die sanften Armbewegungen, die zu vertiefter Atmung führen, massieren die inneren Organe und lockern verspannte Schulter- und Nackenmuskeln.

Gleichzeitig wird Müdigkeitserscheinungen entgegengewirkt, die Rückenmuskulatur gestärkt und die Lungenkapazität erweitert.

Durch die geförderte Blutzirkulation von sauerstoffreichem Blut wird erschlafftes Gewebe reaktiviert und die Haut gestrafft.

Vorstellungshilfen

Bei den Acht Brokaten unterscheiden wir im Prinzip zwei unterschiedliche Einsatzformen der Vorstellungskraft. Bei der ersten wird die Aufmerksamkeit während der Bewegungsausführung im Tan Tien bewahrt, um damit den inneren Energiefluß verstärkt zu stimulieren. Es versteht sich, daß allein dieses scheinbar einfache Vorgehen erst nach langjährigem Üben tatsächlich umgesetzt werden kann. Die zweite Methode ist das Lenken der Vorstellungskraft mit größtmöglicher Genauigkeit in den einzelnen Bewegungen. Gerade bei dieser zweiten Möglichkeit sind dem Ideenreichtum keine Grenzen gesetzt, wobei zu erwähnen ist, daß die „Qualität" der Vorstellungshilfen einen ganz entscheidenden Einfluß auf die Wirksamkeit der Übung hat. Eine Übung ohne angemessene Vorstellungsbilder ist eine leere Übung, oder wie es Qi Gong-Meister ausdrücken, ein „hohles Gerippe". Bei beiden meditativen Übungsausführungen wird das „Nichts-Tun", das „Nicht-Denken" angestrebt. Wir versuchen, in den Bereich jenseits der Gedanken einzutauchen.

Sobald du mit dem äußeren Ablauf vertraut bist, kannst du dir bei dieser ersten Übung vorstellen, mit den Händen und Armen Wasser zu schöpfen, Energiebälle zu heben und zu senken, den Atem durch den ganzen Körper in das Erdreich zu schieben oder, im wahrsten Sinne des Wortes, den Himmel mit den Händen zu stützen.

2. Übung

„Den Bogen nach beiden Seiten spannen und auf den Adler zielen"

5

6

5. Laß die Arme aus der Bärenstellung sanft hochtreiben, bis sie sich vor der Brust überkreuzen, ohne sich jedoch zu berühren (die linke Hand ist näher zum Herzen).

6. *Verlagere langsam das Gewicht nach links und drehe anschließend mit der Ferse den rechten Fuß um ca. 45 Grad nach außen. Verlagere dein Körpergewicht zunehmend auf das rechte Bein,* um nun dein linkes Bein in Kniehöhe schräg anwinkeln zu können.

7

8

7. Du befindest dich nun in der sog. Kranichstellung. Nachdem du wenige Sekunden in dieser Stellung dein inneres wie äußeres Gleich-Gewicht geschult hast, setze mit dem Einatmen das linke Bein in den breiten Reiterstand. Das Becken ist leicht nach vorne gekippt, so als würdest du auf einem Pferderücken sitzen.

8. *Mit dem Austamen beugst du die Knie etwas stärker. Richte die Kraft der Füße nach unten und laß die Knie mit einer sanften Spiralbewegung nach außen öffnen.*
   Laß die Atemenergie einströmen.
   Dann wird der Bogen zuerst nach links gespannt.

9

9. *Dabei führst du die linke Hand mit senkrecht nach oben gerichtetem Zeigefinger langsam zur linken Seite, wobei der Ellenbogen nicht vollkommen durchgedrückt werden sollte.*
   Der Blick folgt dem Zeigefinger deiner „Bogenhand". Gleichzeitig nimmst du die rechte Hand, die den Bogen spannt und zu einer leicht geschlossenen Faust geformt wurde, zur rechten Schulter zurück. Zwischen den Armen sollte deutlich eine elastische Spannung zu spüren sein, so als ob man einen Bogen spannt, um einen Pfeil abzuschießen. Das Körpergewicht ruht gleichmäßig auf beiden Beinen.
   Führe während des Einatmens die Hände wieder vor die Brust, wobei nun die linke Pfeilhand zur sanft geschlossenen Faust und die rechte Hand zur Pfeilhand wird.

Wende dich nun in die andere Richtung und führe die Bewegung insgesamt zweimal nach links und zweimal nach rechts aus.

10

11

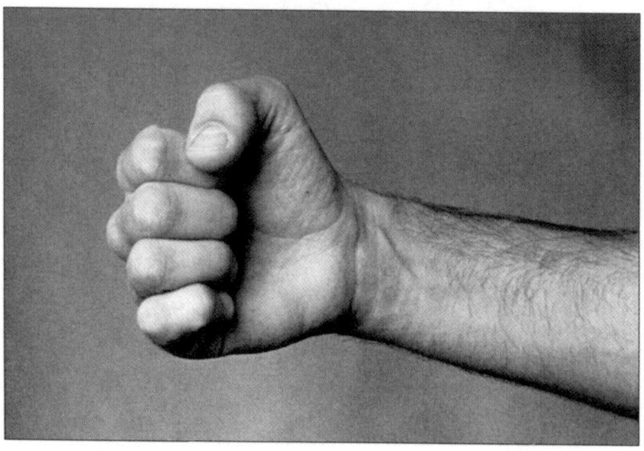

10. + 11. Handpositionen

Gesundheitlicher Effekt

Diese Übung regt die Energie- und Blutversorgung des Herzens an. Die Bewegungen gleichen denen eines Schützen, welcher im ursprünglichen Sinne auf einen Adler zielt. Das Bogenspannen des Schützen führt zu tiefer Ruhe, Konzentration und verhilft zu einem tiefen Schlaf. Zudem werden Beine und Hüften gestärkt.

Vorstellungshilfen

Laß mit dem Heben deiner Arme das Qi von den Beinen über die Wirbelsäule bis in die Fingerspitzen aufsteigen. Beim Spannen des Bogens kannst du dir mit offenen Augen die Sehne vorstellen und spüren, welche Energie in ihr gespeichert ist. Stell dir vor, wie du einen Adler anvisierst und am Ende des Ausatmens den „freigelassenen“ Pfeil bis ins Ziel verfolgst. Richte deinen Blick dabei in die Ferne, sammle deinen Geist und versuche deine eigene Mitte zu treffen.

3. Übung

„Milz und Magen stärken, indem man die Arme einzeln hochhebt“

12

13

12. Laß deine Arme kreisrund nach vorne und oben bis auf Brusthöhe hochsteigen.

13. *Der linke Arm streckt sich beim Ausatmen in die Höhe, die Handfläche neigt sich im rechten Winkel zum Arm, die Fingerspitzen weisen seitwärts über den Kopf. Gleichzeitig wird die rechte Hand mit den nach vorn gerichteten Fingern bis in Hüfthöhe gedrückt.*

14

14. Mit dem Einatmen gleitet der linke Arm in einem weiten Kreis bis zur Horizontalen des Körpers, *um mit dem Ausatmen ohne Unterbrechung die Kreisbewegung zu vollenden.*

Mit dem Einatmen werden erneut die Arme kreisrund nach vorne und oben bis auf Solarplexushöhe geführt.
Nun wird jedoch mit dem Ausatmen der rechte Arm in die Höhe und der linke Arm in Hüfthöhe geführt. Während deine Aufmerksamkeit beständig im Tan Tien bleibt, spüre bei der Gegenbewegung deiner Arme die diagonale Dehnung im Rücken.
Du solltest diese Übung im schulterbreiten Stand zweimal nach links und zweimal nach rechts ausführen.

Gesundheitlicher Effekt

Diese Übung wirkt wohltuend auf die Milz und den Magen-Darmtrakt. Die Hauptaufgaben der Milz bestehen darin, verbrauchte Blutkörperchen aufzulösen, als Blutreservoir zu dienen und Fremdkörper aus dem Blut zu filtern. Weiterhin wird der Verdauungstrakt sanft massiert. Die Tätigkeit des Verdauungstraktes dient zur Assimilation von Nahrung und der Ausscheidung von Giftstoffen. Zudem werden Muskeln und Sehnen gedehnt und gestärkt.

Vorstellungshilfen

Richte deine Aufmerksamkeit während der gesamten Übung auf eine gute Verwurzelung des Körpers. Um ein Gleichgewicht zwischen den nach oben gerichteten bzw. den nach unten stemmenden Kräften zu erreichen, kannst du dir vorstellen, wie deine Energie in beide Richtungen gleichzeitig fließt.

Spüre den Rücken in seiner ganzen Länge sowie die Auswirkungen der Armbewegungen auf deine innere bzw. äußere Balance. Zur Intensivierung der Übung kannst du dir auch eine seidene Verbindungsschnur zwischen den Handflächenmitten vorstellen, die sich je nach Bewegung längt oder zusammenzieht.

4. Übung

„Nach hinten schauen, fünf Krankheiten und sieben Leiden vertreiben"

15

16

15. *Atme ruhig und gelöst aus.* Laß nun den Atem tief in dein Hara einströmen und hebe dabei deine fast gestreckten Arme bis auf Schulterhöhe; die Handflächen zeigen nach oben.

16. *Mit dem Ausatmen über dem rechten Fuß drehst du die Handflächen nach unten und läßt sie zu deinen Körperseiten zurücksinken. Der Kopf gleitet dabei langsam nach links, und der Blick wandert ohne an etwas zu haften horizontal nach hinten. Beachte bitte, daß der Kopf beim Wenden aufrecht bleibt. Die Augen gleiten noch weiter nach hinten als der Kopf. Man fühlt sich wie an einem unsichtbaren Faden am Scheitelpunkt aufgehängt.*

17

17. Die Arme werden wieder bis auf Schulterhöhe angehoben. Wende dabei den Kopf langsam nach vorne und laß den Atem durch das linke Bein wieder einströmen.
Laß den Atem anschließend durch den linken Fuß ausströmen, die Arme sinken und den Kopf nach rechts wenden.
Führe die Bewegung zu beiden Seiten je zweimal durch.

Gesundheitlicher Effekt

Diese Übung hilft gegen hohen Blutdruck und wirkt sich positiv auf das zentrale Nervensystem aus. Die „sieben Leiden" beziehen sich auf ein Zuviel an Emotionen (v.a. Zorn, Ärger, Neid und Freude). Es geht hierbei um ein Harmonisieren von Gefühlen (durch eine Regulierung des Hormonhaushaltes).

Durch das Kopfdrehen werden überflüssige Spannungen abgebaut und die Nackenmuskulatur gelöst.

Vorstellungshilfen

Wichtig ist der aufrechte Kopf – stell dir als Hilfe vor, daß du einen Gegenstand auf dem Kopf balancierst. Wenn du den Kopf drehst und nach hinten blickst, tu so, als ob du deine Krankheiten und Leiden liebevoll zurückläßt. Schau zurück und verabschiede dich symbolisch von ihnen. Der weiche und weite Blick, der an nichts haftet, hilft dir dabei.

5. Übung

„Mit dem Kopf nicken, mit dem Steiß wedeln und das Feuer aus dem Herzen vertreiben“

18

19

18. Laß deine Arme seitlich hochtreiben *und stütze mit deinen Händen die Hüfte.*
Atme in deinen Unterbauch ein und *verlagere dein Körpergewicht nach links – drehe nun mit dem Ausatmen den rechten Fuß um ca. 45 Grad nach außen* und winkle dein Bein in Kniehöhe schräg an.
Verharre kurz in der Kranichstellung, um mit dem Einatmen in den breiten Reitersitz zu gleiten.

19. Stütze jetzt mit den Händen auf den Oberschenkeln deinen Oberkörper ab, wobei vier Finger auf der Schenkelinnenseite und die Daumen auf der Schenkelaußenseite aufliegen.

20

21

20. Atme ruhig ein *und führe mit dem Ausatmen mit dem Oberkörper eine kreisförmige Bewegung – zunächst zur linken Seite – aus, dann nach vorn bis zum rechten Oberschenkel. Das Körpergewicht wird jeweils mitverlagert.*

21. *Mach am Ende der Bewegung (am Ende des Ausatmens) eine Nickbewegung mit dem Kopf in Richtung des rechten Knies und richte deinen Blick zur linken Ferse.*

Der Kopf wird leicht angehoben, und der Körper bewegt sich auf dieselbe Weise wieder zurück. Laß dazu den Atem tief in deinen Bauchraum einströmen, um diese Bewegung in entgegengesetzter Richtung auszuführen und dich dabei aufzurichten.

Nun kannst du die Bewegung zur rechten Seite auf die gleiche Art ausführen und insgesamt zweimal nach links und zweimal nach rechts wiederholen – achte sanft und aufmerksam auf die Nickbewegung des Kopfes und auf die Empfindungen entlang des Rückens.
Am Ende der Übung kannst du deine Augen schließen und bewußt den auftauchenden Empfindungen nachspüren (das gilt für alle *Acht Edlen Übungen*).

* * *

Gesundheitlicher Effekt
Diese Übung löst körperliche Verspannungen, kräftigt das Becken, die Wirbelsäule, die Beine – und harmonisiert das vegetative Nervensystem. Außerdem werden Augen- und Nackenmuskeln gestärkt und die Durchblutung des Gehirns gefördert.

Beeinträchtigende Gedanken und unermüdliche Selbstgespräche, die in unserem Gehirn umherkreisen und oftmals unsere Stimmung bedrücken, werden „abgebremst" und letztlich ganz „vertrieben" (das versteht man unter dem „Feuer des Herzens").

Vorstellungshilfen
Stell dir vor, wie der Oberkörper auf einer drehbaren Unterlage abgelegt wird, damit die Wirbelsäule ausgerichtet bleibt. Spüre bei der Nickbewegung die Empfindungen und die sanfte Längung des Rückens. Zu Beginn der Übung befindet sich das Qi im Tan Tien. Während der Ausführung kanst du dir vorstellen, wie die Energie vermehrt in die Fußsohlenmitte zu fließen beginnt.

6. Übung

„Hüfte und Nieren stärken, indem man die Füße faßt"

22

23

22. *Atme aus und beuge ein wenig deine Knie.*
    Atme ein und führe die Arme seitlich nach hinten zur Hüfte, so als ob du Schwung holen würdest.

23. *Mit dem Beginn des Ausatmens streckst du deine Knie und hebst die fast gestreckten Arme vor dem Körper bis zur Horizontalen,* um mit dem Einatmen die Hände bis über deinen Kopf hochzuheben. Du kannst dir dabei in Gedanken vorstellen, wie dein ganzer Körper dadurch in die Höhe wächst.

24

25

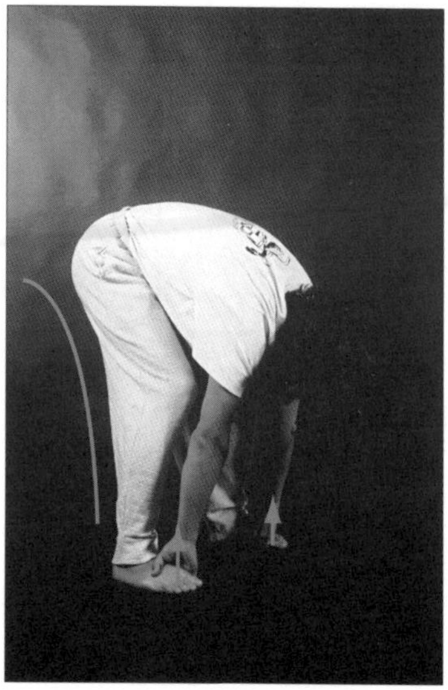

24. + 25. *Mit dem Ausatmen senkst du bei gebeugten Beinen den Oberkörper abwärts, bis die Hände unter die Fußspitzen fassen können. Sinke dann in den Knien bis maximal 90 Grad ein (gehe in eine Hocke) und laß mit dem Ausatmen alle Spannungen aus Armen, Rücken und Nacken.*

26

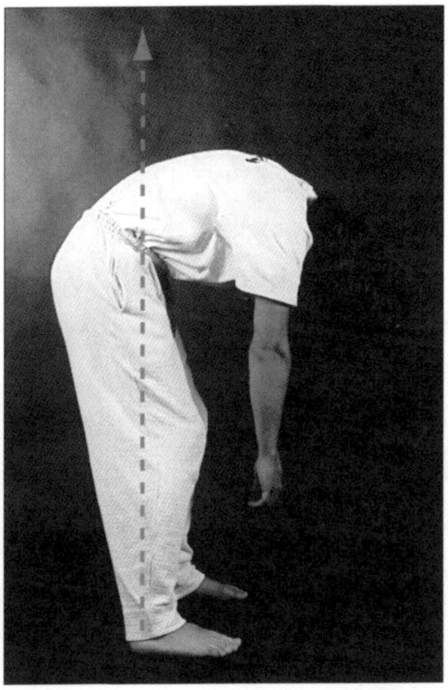

26. Beim Einatmen wird der Oberkörper ganz leicht und langsam wieder Wirbel für Wirbel aufgerichtet. Ganz am Schluß dieser Bewegung richten sich der Nacken und der Kopf auf.

Der Atem strömt aus, die Knie sinken wieder in die Ausgangsstellung.
Führe diese Übung im schulterbreiten Stand viermal aus und bleib während der ganzen Übung mit deiner Aufmerksamkeit in der Nierengegend.

Gesundheitlicher Effekt

Unsere Nieren, die eine wichtige Rolle im Stoffwechselsystem des Körpers spielen, erfahren durch diese intensiven Beuge- und Streckbewegungen eine sanfte Massage. Diese Übung reguliert auch niedrigen Blutdruck, beseitigt Verstopfung und verhindert Durchblutungsstörungen in Händen und Füßen. Dadurch werden steife Muskeln wieder aufgerüttelt und „eingerostete" Gelenke neu „geschmiert". Zudem hat diese Übung aufgrund ihrer Anforderungen an das Dehnungsvermögen des gesamten Körpers einen besonders erwähnenswerten gymnastischen Wert.

Vorstellungshilfen

Wenn du dich nach vorn beugst, kannst du dir vorstellen, daß die Handflächen an der Innenseite eines übergroßen Lufballons entlanggleiten, um dich anschließend Wirbel für Wirbel aufzurichten und wie eine Pflanze dem Licht entgegenzuwachsen. Beim Hochheben der Arme lenkst du deine Aufmerksamkeit auf die Nieren – spüre dabei die Verbindung zum Himmel – am Ende des Ausatmens wird die Aufmerksamkeit auf die Fußsohlenmitte gelenkt.

7. Übung

„Die Fäuste ballen, mit den Augen funkeln, um die Qi-Kräfte zu vermehren"

27

28

27. Die *Siebte Edle Übung* stammt aus der chinesischen Kampfkunst „Wushu". Du befindest dich in der Bärenstellung und formst die Hände zu einer Faust, während du die Arme kreisrund bis etwa auf Brusthöhe hebst. Die Schultern bleiben gelöst und locker. Gleite nun über den Kranichstand in den Reiterstand.

28. *„Boxe" beim Ausatmen mit deiner linken Faust zur Seite, während sich die rechte Faust nach hinten zur rechten Schulter bewegt. Der Kopf dreht sich in Richtung der „boxenden Faust". In dieser Position (am Endpunkt der Bewegung) werden die Augen weit aufgerissen und funkeln feurig nach vorn. Die Fäuste werden kraftvoll geballt.*

Laß langsam die Anspannung wieder los und hole mit dem Einatmen die Fäuste wieder vor die Brust, die Arme bilden eine Ellipse.
Die gleiche Bewegung setzt sich nun zur anderen Seite fort.
Nach insgesamt vier Bewegungsfolgen senken sich mit dem *Ausatmen* beide Arme wieder vor deinem Körper in die Ausgangsstellung.

* * *

Gesundheitlicher Effekt
Um das Qi im gesamten Körper in Fluß zu bringen, muß diese Übung langsam, ruhig und mit großer Konzentration durchgeführt werden. Sie senkt zu hohen Blutdruck, stärkt die Konzentrationsfähigkeit sowie die gesamte Physis.

Durch den Dehnungseffekt im Schulter- und Brustbereich werden Atem und Blutzirkulation erleichtert. Außerdem werden die Muskeln der Arme, Schultern und Beine gestärkt und durch den „flammenden Blick" das Lebensfeuer geschürt.

Vorstellungshilfen
Die Vorstellungskraft wird im Tan Tien bewahrt. Zwischen den Fäusten befindet sich eine auseinanderziehende Kraft – als ob man gegen einen imaginären Widerstand boxen würde. Laß den Atem über die „boxende Faust" mental ausströmen, während der Blick über diese Faust in die Ferne gerichtet ist. Funkle vor allem am Ende der Bewegung feurig mit den Augen.

8. Übung

„Den Rücken sieben Mal fallenlassen und 100 Krankheiten vertreiben"

29

30

29. Nimm bei der letzten Übung die „Adlerstellung" ein, d.h. die Fersen bleiben zusammen, während die Fußspitzen nach außen gedreht werden, so daß die Füße einen Winkel von ca. 90 Grad bilden.
    Atme sanft aus und beuge deine Knie ein wenig.

30. Erhebe dich mit dem Einatmen langsam auf deine Fußballen. Die Knie sind beinahe vollständig durchgedrückt, die Arme hängen seitlich herunter. Bleib einen Augenblick so stehen, spanne deinen Schließmuskel an und führe die Zungenspitze an den Gaumen.

31

31. *Löse nun wieder die Zungenspitze, und laß dann mit einem Mal das Körpergewicht – rasch, aber sanft – auf die Fersen fallen. Der Atem strömt nach unten durch die Beine aus, die Spannung im Schließmuskel wird losgelassen.*

Nimm die sanfte Vibration in deinem Körper wahr, die weich und leicht bis zum Scheitelpunkt hochsteigt. Diese Übung solltest du etwa sieben Mal im schulterbreiten Stand durchführen.

Gesundheitlicher Effekt

Diese letzte Übung leitet verbrauchte Energie in den Boden. Die leichte Vibration des Körpers, welche durch die Übung hervorgerufen wird, wirkt belebend, regt die Blutzirkulation an und löst Verspannungen. Durch die Hüftbewegung wird die Zwerchfellatmung unterstützt.

Durch den Übungstitel wird deutlich, daß es ebenfalls um eine „Vertreibung" von Krankheiten, die durch die vorhergehenden Übungen nicht in den Griff zu bekommen waren, geht. Körperliche und seelische Aspekte werden positiv beeinflußt und erfrischend belebt.

Vorstellungshilfen

Der Blick ist während dieser Übung geradeaus gerichtet und die Vorstellungskraft ruht im Tan Tien. Durch das Erheben auf die Zehenspitzen wird der Himmel gestützt. Sobald der Rücken fallengelassen wird, steigt eine angenehme Vibration von den Fersen bis zum Scheitelpunkt hoch. Alle überflüssigen Spannungen werden in den Boden abgeleitet. Nach dieser „Reinigung" kannst du dir vorstellen, wie neue Lebensenergie in deinen Körper einströmt und sich verbreitet.

„Aus-Klang“ oder: In Ruhe stehen

32

32. Stehe zum Abschluß der *Acht Edlen Übungen* ruhig und mit einem inneren Lächeln da. Die Hände ruhen mit übereinandergelegten Handflächen unter dem Nabel. Die Atemenergie strömt wie von selbst EIN und *AUS* – fühle wie der Atem an den Nasenflügeln vorbeifließt *und dehne dich mit jedem Ausatmen im Raum aus.*

Einatmen – *Ausatmen – Ausdehnen.*

Liebevolle Aufmerksamkeit ist alles, was erforderlich ist. Für diesen Aus-Klang solltest du dir ungefähr 5-20 Minuten schenken.

Literatur

Alexander, F.M.: *Der Gebrauch des Selbst.* München: Goldmann, 1993.

Barlow, M.: *Die Lehre des F.M. Alexander.* Eberbach: edition kavanah, 1991.

Blofeld, J.: *Selbstheilung durch die Kraft der Stille.* München: Scherz, 1991.

Bock-Möbius, I.: *Qigong – Meditation in Bewegung.* Heidelberg: Karl F. Haug, 1993.

Brag, P.C.: *Fit durch Rückengymnastik.* Ritterhude: Waldthausen, 1995.

Brennan, R.: *Alexander-Technik.* München: Droemer Knaur, 1995.

Chuen, L.K.: *Lebenskraft durch Chi Gong.* München: Mosaik, 1991.

–, *Energie und Lebenskraft durch Chi Gong.* München: Mosaik, 1991.

Davis, R.E.: *Meditation als Lebenshilfe.* Landsberg: mvg, 1987.

Derbolowsky, U. & R.: *Atem ist Leben – Ein Übungsbuch.* Paderborn: Junfermann, 1996.

Deshimaru-Roshi, T.: *Zen in den Kampfkünsten Japans.* Leimen: Kristkeitz, 1978.

–, *Die Praxis der Konzentration.* Braunschweig: Aurum, 1992.

Drake, J.: *Alexander-Technik im Alltag.* München: Kösel, 1993.

Dong, Y.P.: *I Chuan-Meditation in Bewegung.* Braunschweig: Aurum, 1995.

Dürckheim, K. Graf: *Hara – Die Erdmitte des Menschen.* München: O.W. Barth, 1973.

Eisenberg, D.: *Chinesische Medizin – Begegnung mit Ki.* München: Droemer Knaur, 1990.

Frantzis, B.K.: *QiGong – Wege zu den Energiequellen des Körpers.* Reinbek: Rowohlt, 1995.

Frerker, M.F.: *Tai Chi Chuan.* München: Copress, 1995.

Friedrich, A.W.: *Ba Duan Jin.* München: P. Kirchheim, 1994.

Gelb, M.: *Körperdynamik.* Frankfurt: Ullstein, 1986.

Grigg, R.: *Das Tao des Seins – Ein Arbeitsbuch zum Denken und Handeln.* Paderborn: Junfermann, 1996.

Heller, S.: *The Dance of Becoming.* Berkeley: North Atlantic Books, 1991.

Herder Lexikon: *Symbole.* Freiburg i.B.: Herder, 1990.

Hoffman, K.: *Trance & Tanz.* München: Kösel, 1993.

Hoffman, K., Schneider, M., Haberzettl, M.: *BodyMindManagement. NLP • Body • Trance • Feldenkrais.* Paderborn: Junfermann, 1996.

Hyams, J.: *Der Weg der leeren Hand. Zen in den Kampfkünsten.* München: Droemer Knaur, 1991.

Jacobs, D.: *Bewegungsbildung – Menschenbildung.* Kastellaun: Aloys Henn, 1978.

Jiao, G.: *Qigong Yangsheng.* Uelzen: Medizinisch Literarische Verlagsgesellschaft, 1988.

Johnson, D.: *Touch – Die Berührung.* Paderborn: Junfermann, 1994.

Kalev, A.: *Aufbauende und heilende Bewegung – Gedanken und Anleitung.* Heidelberg: Ulrich Valentin, 1989.

Kaptchuk, T.J.: *Das große Buch der chinesischen Medizin.* Bern, München: O.W. Barth, 1988.

Leibowitz, J. & Connington, B.: *Die Alexander-Technik.* Reinbek: Rowohlt, 1993.

Legen, P., Zerlauth, T.: *Goju Do – Bewußte Körpererfahrung in Trance.* MultiMind – NLP aktuell 1/1994, S. 27f.

Leigh, W.S.: *Zen-Körpertherapie.* Paderborn: Junfermann, [2]1996.

Lidell, L.: *Die neue Schule der Sinnlichkeit.* München: Mosaik, 1988.

Lie F.T.: *Tai-Ji-Quan. Yang-Stil.* Nordeistedt: Kolibri, 1991.

Masters, R.E.: *Bewußtseinserweiterung für Körper und Geist.* München: Kösel, 1986.

Middendorf, I.: *Der erfahrbare Atem.* Paderborn: Junfermann, [8]1995.

Mögling, B.: *Handbuch für Tai Chi Chuan & Körperarbeit.* Aachen: Meyer & Meyer, 1991.

–, *Die chinesische Bewegungsmeditation Tai Chi Chuan.* München: Goldmann, 1988.

Palos, S.: *Chinesische Heilkunst.* München: Gondrom, 1984.

–, *Atem und Meditation.* Weinheim: O. W. Barth, 1968.

Park, G.: *Alexander-Technik. Die Kunst der Veränderung.* Paderborn: Junfermann, 1994.

Pennington, G.: *Der Weg über die Augen.* Paderborn: Junfermann, 1994.

–, *Die Tafeln von Chartres.* Solothurn: Walter, 1994.

–, *Das Taoistische Gebet.* München: Kösel, 1995.

Petersohn, L.: *Chinesische Medizin ist mehr als Akupunktur.* Heidelberg: Karl F. Haug, 1985.

Ramm-Bonwitt, I.: *Mudras – Geheimsprache der Yogis.* Freiburg i.B.: Bauer, 1988.

Requena, Y.: *Qi Gong. Das geheime chinesische Übungssystem für Lebenskraft und Langlebigkeit.* München: Goldmann.

Roumanoff, D.: *Kinomichi – Die Methode Noro.* Leimen: Kristkeitz, 1994.

Schmeer, G.: *Heilende Bäume.* München: J. Pfeiffer, 1990.

Seifert, T., Waiblinger, A.: *Therapie und Selbsterfahrung.* Stuttgart: Kreuz, 1986.

Soo, C.: *Die Kunst des Tai Chi Ch'uan.* München: Kösel, 1984.

Tohei, K.: *Kiatsu – Heilung mit Ki.* Leimen: Kristkeitz, 1990.

Tulku, T.: *Kum Nye – Tibetische Übungen zur Stärkung der Gesundheit.* Frankfurt a.M.: Fischer, 1995.

Wagner, W.: *Zwischen Hirn, Herz & Hara.* Kassel: Prolog, 1994.